Macron, *l'insoutenable légèreté du paraître*
ou
L'hyperbole du système et de la duplicité

Imhotep

Macron, *l'insoutenable légèreté du paraître*
ou
L'hyperbole du système et de la duplicité

Les éditions de la pyramide

ISBN : 978-1-54311368-6

© Éditions de la pyramide, février 2017

Macron, *l'insoutenable légèreté du paraître*
ou
L'hyperbole du système et de la duplicité

Ce livre a pour objet la candidature de l'ex-secrétaire adjoint de l'Elysée, ex-ministre de l'économie du gouvernement Valls, ex-membre du Parti Socialiste, ex-Rothschild

et

pour sujet ce même Macron.

Lorsque l'on veut faire ce genre d'étude, il faut avant tout se poser quelques questions essentielles, comme par exemple : Qu'est-ce que la démocratie ?, Quelle est la place de l'élection présidentielle dans celle-ci ?, Qu'est la politique (on ajoute souvent *au sens noble du terme*) ? Que veut-on pour la France ? et, si cela n'est pas redondant avec la question précédente, pour les Français ? Et aussi que doit être un candidat pour l'élection suprême ? Quelles doivent être ses qualités ?

Ce dont il faut se méfier ce sont ses propres a priori, ce que nous serions capables de faire, consciemment ou non, pour parler d'un candidat dont la présence dans la compétition nuirait gravement à celui qui aurait notre préférence. Nous aurions alors une vue biaisée et fausse. S'il paraît impossible d'atteindre à l'objectivité absolue, on peut toujours tenter de s'en approcher. Evidemment il y a toujours quelques malins pour discourir savamment de ces précautions pour n'en faire qu'une caution, tout en étant par ailleurs de parfaite mauvaise foi.

Le double danger serait aussi de s'attaquer à la personne privée pour atteindre celle qui est publique, tout également de vouloir obstinément ne rien voir des attitudes privées qui dénotent le caractère, quand ce caractère aura une influence sur les décisions prises une fois au plus haut niveau. Par exemple, qui pouvait imaginer que Hollande aussi souvent en suspension tremblante entre deux chaises, en permanence dans le non-dit pour ne fâcher personne, le roi de la synthèse, serait un guerrier farouche qui s'est complu en chef de guerre ?

Reste enfin le rôle des media - nous parlons ici non leur rôle de révélation des faits, ni de leurs enquêtes, mais de leurs analyses et positions politiques - qui ont une si détestable habitude de poser des postulats qui correspondent à leur vue du monde et ensuite de chercher dans tous les faits, quand ce n'est pas en les déformant, ce qui peut conforter leur analyse, le plus souvent fausse, avec cette conclusion qu'à force de décréter ce qui ne correspond pas au départ à la réalité, finit par en faire une légende qui devient une réalité bien que subjective et cette réalité entraîne des votes. Il faut que la dure réalité ou l'exaspération soient à leur comble pour qu'il y ait des renversements de tendance, mais en attendant le mal est fait. Sarkozy en est le parfait exemple. Les journalistes ont exposé aux Français un Sarkozy hors sol faisant confondre agitation et dynamisme, brutalité et force, déclarations péremptoires et compétence.

Il a souvent été présenté comme un des meilleurs candidats en campagne en France oubliant bien vite qu'il s'était ramassé aux Européennes de 1 999 (moins de 13 % une belle claque) et qu'à part l'élection présidentielle (certes pas une peccadille) où il était dans un environnement éminemment favorable (médiatique, politique avec un seul parti crée par Chirac qui regroupait la droite et le centre hors Bayrou et son MoDem, et sociale avec l'insécurité) il a perdu toutes les élections intermédiaires et a été assez mauvais en 2012 (malgré un dépassement outrancier des frais de campagne) et 2016. Ce qui donne au total une seule élection gagnée pour nombre d'élections perdues ce qui prouve tout au contraire qu'il n'est pas un si brillant candidat que cela. Il y a une exception notable qui est son élection à la tête de *Les Républicains* (dénomination volée à l'ensemble des Français par appropriation d'une terme générique pour un seul parti) qui n'est donc pas un échec sauf à considérer que la participation n'était pas très élevée et le score non plus mirifique. Je mets volontairement de côté ses élections dans les Hauts-de-Seine qui sont la suite logique de sa trahison de plaqua qui l'a fait maire de Neuilly, donc dans ce département où même une chèvre, de droite, serait élue au premier tour. Il est vrai que l'on ne peut nier sa grande capacité à galvaniser des foules acquises, ce qui est une caractéristique commune entre lui et Macron, comme on le verra. Nous verrons ici aussi que la presse n'est pas exempte de manipulation voulue ou non. J'en profite ici pour ajouter que je me tiens à une distance très respectable de toutes les théories du complot.

Peut-on dire que la démocratie est un auberge espagnole ? En ce sens le Brexit est une expérience fascinante. Les discours ont été fort intéressants. Par exemple Cohn Bendit a déclaré que les peuples n'avaient pas toujours raison citant je crois l'accession d'Hitler au pouvoir. Ce Brexit a permis à ses soutiens français de bomber le torse en disant que le peuple (pardon le Peuple), ce mot qui est étrange tant il a de sens et de connotations, avait gagné contre les élites. Cet exemple va nous démontrer exactement ce que ce discours de l'anti-système a de creux mais d'efficace comme tous les slogans vides de sens mais pleins d'émotivité et parfois de rancœur. Alors donc le peuple, la démocratie avait gagné. Bien. Allons plus loin. Les « Brexiters » pourtant ont délibérément menti, grossièrement menti quant aux sacrifices financiers du Royaume Uni au profit de l'Europe. A ajouter que Farage et d'autres membres de son parti ainsi qu'une association pro-Brexit devraient être poursuivis pour avoir détourné des fonds européens et de plus pour faire campagne contre l'Europe (tout comme le FN, Marine Le Pen, et quelques députés européens de ce parti, poursuivi pour ces détournements qui représentent plusieurs millions d'euros). Ils ont tu tous les avantages économiques qu'il en a tiré avec la chute des barrières douanières, le marché unique, la même monnaie dans la zone euro (donc frais et risques de change unifiés). Ils ont occulté tout l'aspect risques liés à la sortie de l'Europe, comme par exemple pour l'Irlande dont la paix entre les deux nations vient justement de l'action et de l'existence de l'UE et des 2 milliards versés pour aider à cette paix relative et la suppression des frontières entre les deux Irlande. La démocratie (et le peuple avec elle) a-t-elle gagné si les défenseurs d'une option ont délibérément et outrageusement menti ? Quand bien même l'autre camp aurait fait de même, car cela n'était pas de cette ampleur et certainement pas de la même efficacité, c'était, de plus, l'argument de : *au loup ! au loup !* On jugera à l'avenir quel sera le résultat du Brexit pour l'économie britannique et la vie quotidienne des citoyens (et l'avenir de celle-ci). Cependant, là où il ne peut y avoir contestation, c'est que la démocratie est bafouée - une analyse qu'il me semble ne pas avoir lue, une analyse qui ne semble pas beaucoup toucher les « pro-Brexiters » français, notamment à gauche et à droite qui aiment tant les peuples « nationaux » et leur indépendance - parce que que le Royaume Uni est composé outre de l'Angleterre, de l'Ecosse, du Pays de Galle et de l'Irlande. Ces nations, unies à la Grande Bretagne, ont leur culture, leur langue, leur territoire. Or que constate-t-on ? Qu'en Ecosse et en Irlande en majorité les « peuples » voulaient rester en Europe. Le parlement écossais en ce début d'année 2017 a du reste voté contre le Brexit. Cette victoire soit disante démocratique va donc imposer à deux peuples un choix contre lequel ils ont voté. Démocratie donc ?

En France notre démocratie est représentative avec une élection majeure : l'élection présidentielle. Ici n'est pas le débat de savoir si la démocratie représentative (pouvoir délégué temporairement à des élus pour représenter les électeurs, enfin ceux qui ont voté, et plus précisément la majorité de ces derniers, relative ou absolue) est meilleure ou moins bonne que la démocratie dite directe (votation en

Suisse, et très rares référendums en France). En revanche pour que la démocratie, enfin celle telle que nous la connaissons, soit juste il faut au minimum que l'information soit exhaustive, non faussée et qu'elle arrive aux oreilles de chaque Français. Une exigence malheureusement impossible à réaliser. Ces trois termes sont bafoués en permanence. Par le jeu de l'argent, par le jeu des media, par le jeu des politiques et enfin par tout simplement la situation certains Français, absents, malades, etc. Ce que l'on peut déplorer c'est que les jugements, donc les votes, ne sont pas souvent rationnels et quand ils le sont il n'est absolument pas certain que le vote ait pour finalité le bien commun, car cette finalité voulue par l'électeur pourrait être la seule défense de son intérêt personnel, d'où les 110 propositions Mitterrand ou l'armée mexicaine de Fillon. Certains hommes politiques additionnent les catégories dont la somme est bien supérieure au tout dans son ensemble. On fait plaisir à chaque catégorie et peu importe que les intérêts de deux catégories soient contradictoires ou exclusifs les uns des autres. Cependant c'est sans doute encore plus restrictif pour certains candidats qui se focalisent sur leur électorat et donc font des propositions totalement outrancières qui, pour le profit de quelques uns, seront des catastrophes pour la grande majorité.

Dans cette démocratie, et notamment pour cette grande élection, l'on doit juger un candidat en fonction d'au moins deux critères :
- sa capacité à être un vrai démocrate pendant la période électorale, donc à ne pas mentir aux Français tout d'abord,

à ne pas trahir (ni avant pour accéder au poste de candidat, ni après une fois élu)

- sa capacité à gouverner. Il ne suffit pas d'avoir des idées encore faut-il les appliquer sans les oublier, donc d'en avoir le caractère à le faire, l'entourage (conseillers et ministres) et le soutien politique.

Si l'on voulait fusionner les deux points précédents, il faudrait en conclure que l'on a besoin que ce candidat/ possible président ait une grande cohérence politique, personnelle aussi bien du passé que du présent pour garantir l'avenir. Il faut que sa démarche soit aussi transparente que le cristal, d'autant plus quand il se présente comme une vierge immaculée.

L'on dit que la politique est une noble cause, que ce serait la science d'organiser la cité et les rapports entre les citoyens dans la vie publique sans interférer dans la vie privée sous condition que celle-ci ne soit pas contraire à certains critères, comme par exemple ne pas accepter les violences domestiques. Nous pourrions nous étendre sur le débat de la professionnalisation de la vie politique, de sa légitimité ou non, de la nécessité d'ouvrir ce monde à la société civile etc. Ceci n'est pas un débat anodin, mais il se situe dans le cadre d'un choix personnel donc s'il peut être un critère de vote pour un candidat ou un autre, il n'entre pas dans une étude générique du candidat. Ce livre concerne plutôt la légitimité démocratique et la capacité d'une personne à être candidate puis à diriger un pays. Son orientation politique est un autre débat sauf si cela interfère avec la démocratie ou l'éthique. En revanche il est justifié, sans prendre position sur l'orientation politique de relever les incohérences soit dans la proposition elle-même, soit dans la proposition par rapport à son positionnement politique, ou la contradiction entre son histoire, son action et son positionnement politique. Tous ces points sont des fondamentaux pour le respect de la démocratie. Evidemment, j'ai un positionnement politique, mais il ne doit pas interférer avec le propos et l'analyse de la candidature de Macron.

Lorsque l'on quitte la superficialité des images bombardées par les media, que l'on se trouve en backstage après le concert, loin de la scène, lorsque l'on regarde d'un peu plus près les choses parfois on peut être très étonnés. Il en est de même lorsque l'on se préoccupe de savoir comment tout cela arrive, je veux dire est-ce une succession de hasards et de chance ou une entreprise réfléchie, avec des jalons posés quand il faut ? On peut supposer aussi que certaines personnes sont prêtes et qu'elle profitent tout simplement des situations, des ouvertures. Il faut être prudent et surtout ne pas tomber dans le piège de voir une marionnette manipulée dès qu'une personne dérange, en somme de suspecter partout la main invisible, les 200 familles etc. En revanche il faut soulever les points les plus éclairants. L'élection présidentielle est une élection sérieuse. On ne peut se permettre de laisser circuler une image lisse et fausse. Dans cette étude de qui est Macron et quelle est sa candidature - si tant est que cela soit possible d'y arriver à partir des informations disponibles - , il y a sans doute des coïncidences qu'il faut relever car elles sont significatives. La soudaineté de sa notoriété, la vitesse de la montée en puissance de son mouvement, n'a pas laissé du temps aux observateurs de s'intéresser vraiment à lui. On s'occupe surtout de l'image du gendre idéal, qui a indéniablement de la répartie et le sens des formules qui transpercent comme des flèches acérées.

Dans le tableau qui nous est dressé, où l'impression prend le pas de façon décisive sur les informations plus poussées et sur la réflexion, Il y a un arrière fond historique extrêmement trompeur : Valery Giscard d'Estaing, le plus jeune président de la Vè République, énarque, brillant aussi, ministre des finances. Le parallèle, conscient ou inconscient, complété par un positionnement au centre (on y reviendra) d'Emmanuel Macron, laisse présupposer un même destin à partir de silhouettes similaires. Mais les différences sont beaucoup plus importantes que les ressemblances. Giscard a été élu de nombreuses fois (conseiller général, député) avant d'être secrétaire d'état, a fondé un parti en succédant à un autre parti, a été un ministre très important et beaucoup plus influent que Macron ne l'a jamais été, beaucoup plus longtemps. Les résultats de Giscard au pouvoir en tant que conseiller, secrétaire d'état ou ministre sont d'une autre trempe que ceux de Macron. Cela ne tient pas seulement au fait des circonstances qui évidemment ne peuvent être les mêmes à quasi 50 ans d'écart. Il faut, cependant, bien avoir en tête que cette comparaison sous-jacente est plus flatteuse pour Macron qu'elle ne l'est pour Giscard. En fait c'est une sorte d'onction de la réussite passée d'un homme jeune, brillant et centriste (même si aujourd'hui ce centre de Giscard est plus considéré comme centre droit que centre). Ce qui est certain c'est que Giscard s'est présenté depuis le début de sa carrière politique, un invariant, comme centriste, libéral et européen. Toujours. On verra que là aussi c'est une différence qu'il ne faut pas négliger. Il ne s'agit pas ici d'aimer ou non Giscard. D'être son supporter avec décalage temporel. Il s'agit d'éclairer du fait que comparaison n'est pas raison et d'éviter qu'il y ait un amalgame qui n'a pas raison d'être, amalgame qui sonne comme un argument électoral. Je sais bien qu'à ce jour on ne parle pas beaucoup de Giscard pour l'instant - je n'ai lu que quelques rappels ce qui n'est pas une information fiable car il m'est impossible d'avoir eu sous les yeux toutes les sources possibles - mais je suis également sûr que la comparaison ne peut pas manquer de se faire au moins inconsciemment, sinon sous le manteau. *[ces phrases ont été écrites bien avant un article de* Mediapart *du 8 février 2017 qui confirme donc les présupposés de ce que j'écrivais, et fait cette comparaison]* Giscard s'est opposé à De Gaulle, Macron à Hollande. Si l'histoire était ironique, on dirait qu'effectivement tout cela est similaire et chacun serait à son niveau, Hollande en comparaison de De Gaulle et pour le reste je vous laisse conclure.

Il faut être sérieux dans l'analyse de l'approche de la politique par Marcon, celle de son positionnement politique, de son parcours, de ses idées, en somme de sa candidature qui en est l'aboutissement actuel. Pour conclure, une autre comparaison pourrait se faire avec Fabius, le brillant Premier

Ministre de Mitterrand (et dans un autre passé Juppé non d'aujourd'hui mais quand il était « le meilleur d'entre nous », selon Chirac, ailes coupées par sa condamnation quand il était au service des emplois fictifs du RPR pour le compte de son président).

Nous l'avons vu plus haut, l'élection de la présidence de la République mérite une attention extrêmement vive, ce qui implique qu'une candidature comme celle de Macron se doit d'être scrutée avec un œil, certes objectif, mais affûté. Macron en fait, possède un avantage extrêmement important. Il se situe dans le camp des anti-système (Mélenchon, Le Pen, Montebourg etc.) avec un plus par rapport aux autres c'est qu'il n'est connu que depuis deux ans, ajoutant à cela il est beaucoup plus jeune. La nouveauté et la jeunesse font de lui un candidat fort intéressant pour les media et fort attrayant pour un grand nombre de Français qui en ont assez de voir les mêmes visages et rejettent tant la droite que la gauche pour une bonne part d'entre eux. Cet atout jeune, n'est pourtant pas si décisif, tout comme cette présentation de soi comme la rupture d'avec les méthodes anciennes et leurs maîtres. Le cas de Bruno Lemaire est symptomatique. Il a joué la jeunesse, la compétence (son livre pensum de propositions à comparer au million de mots des équipes d'*En Marche !*), le « Renouveau », en somme un crédo qui colle assez bien à celui de Macron. Il lui est arrivé un accident industriel. Pensant être le troisième homme, il s'est retrouvé derrière Nathalie Kosciusko-Morizet avec un score, on ne peut que le reconnaître, minable. Il y a un bémol dans cette comparaison qui vient de l'électorat. Celui de la

Primaire de la droite (dire « et du centre » est abusé bien évidemment car il n'y avait aucun candidat du centre et plutôt des candidats de la droite dure avec Sarkozy, Fillon et Poisson, à la limite de l'extrême droite, ce qui a été une appropriation peu éthique de la réalité sans aucun doute un bon coup politique et marketing) a été d'évidence de catégorie CSP, comme l'on dit, au dessus de la moyenne française, et d'un âge moyen bien au-dessus de l'électorat global. Le constat est, dans tous les cas, que dans cet électorat de plus de quatre millions de personnes, ce qui est malgré tout significatif, l'argument jeunesse, renouveau, anti-système préhistorique a fait long feu après avoir frémi. On peut supposer que la réaction du possible électorat actuel de Macron ne se dégonflera pas aussi brutalement et aussi vite, si jamais il se dégonfle un jour (rêve de certains de ses concurrents).

Il y a un autre avantage à ces deux supposées qualités : un regard bienveillant de la presse. Ce regard bienveillant fait oublier aux journalistes de faire leur métier, c'est-à-dire de bien cerner qui est Macron, quel est son projet. Au contraire ils en font le centre du jeu politique en demandant sans cesse aux autres politiques d'importance de se positionner vis-à-vis de lui. Il devient à la fois lointain - puisqu'il n'existe plus, uniquement, que comme référent aux autres sans se demander qui est ce référent - et proche en étant placé au centre de la prochaine échéance électorale. Cette situation a un effet bénéfique dans les sondages qui par contre-coup illusionne un peu plus les journalistes qui ont alors les yeux de Chimène pour lui. Je reviendrai plus tard sur un article hallucinant au titre suivant « Emmanuel Macron : Brutus président ! » de Renaud Dély dans *Marianne* qui ferait dresser sur la tête les cheveux de Platon (enfin de Socrate, ou plutôt de Diogène). En gros et pour faire court, ils sont sous le charme. Nous pouvons prendre, à ce stade de l'élection un seul, exemple. Lorsqu'en 2007 Bayrou était assez haut dans les sondages, avec une petite possibilité d'être élu, il était sans arrêt ramené à un pseudo constat fatal : avec qui allez-vous gouverner ? Vous êtes seul, sans troupes et avec si peu d'élus. Certes Macron a, paraît-il, 100 000 adhérents. C'est gentil, mais à, ce jour aucun élu au nom de son parti qu'il appelle mouvement même s'il a créé une association de financement politique (ce qui prouve déjà une belle contradiction et duplicité) aucun élu à aucun échelon démocratique français. Cette flèche empoisonnée que lançaient sans arrêt les journalistes à Bayrou, et qu'on continue à lui lancer comme au grand jury de RTL le 5 février, sans jamais en référer à Macron dans cette même émission pourtant dans un cas plus compliqué encore, car si jeune en politique qu'il n'a aucun réseau ancien d'élus. Sous le simple prétexte qu'il est tout nouveau et haut dans les sondages avec une possibilité de gagner l'élection présidentielle, cet argument massue contre Bayrou n'existe pas contre Macron. Et pourtant Macron aura contre lui - je ne parle pas ici des électeurs car il en aura mais des instances politiques - la quasi totalité des autres partis sauf quelques UDI menacés d'exclusion, quelques socialistes et Villepin. Tous les autres seront contre lui et la bataille fera rage. On peut rétorquer (et à juste titre) que sa victoire, si victoire il y a, rameuterait autour de lui beaucoup de monde et il y aurait une macronite électorale aiguë aux législatives. Oui. Mais alors pourquoi cet argument n'était-il pas valable pour Bayrou ? En quoi Bayrou n'aurait-il pas pu gouverner si Macron le pourrait ? La différence n'est que dans le regard des journalistes et des politologues. En un mot la réponse est dans la parfaite partialité des soi-disants observateurs. Tout est là. Pour preuve dans un article dans *Le Point* (Internet) du 24 décembre 2016 : Neumann renverse complètement la proposition. Que Macron qu'il voit possiblement élu n'ait aucune troupe d'élus devient plus un problème pour Macron, comme une gêne, qu'un problème structurel qui devrait entraver son parcours électoral. Neumann se situe donc dans le cas où Macron peut être élu et où ce manque criant de soutiens comme une péripétie sans importance, quand elle était rédhibitoire et sans cesse remise sur le tapis pour Bayrou. Ce serait un problème secondaire à traiter une fois élu. Une poussière sur le costume trois pièces du jeune énarque. Ce genre d'article a une influence sous-jacente car elle évacue un souci d'un revers de main, le rendant inexistant, déjà qu'il est si peu évoqué. De ce fait il donne un inestimable coup de main à Macron lui retirant du pied une épine qui devrait l'empêcher d'avancer avec autant d'ardeur. Dans cette même comparaison, alors que Bayrou depuis plus d'une décennie prône pour une unité nationale, une gouvernance partagée, ce qui fait l'accuser d'être nulle part, cela devient une qualité nouvelle et brillante, un argument massif pour son élection, quand il s'agit de Macron, alors que l'on sait d'où vient le premier, quel est son sillon, ses racines, et que l'autre n'a aucune convictions politiques profondes.

Avec les législatives qui suivent l'élection présidentielle, il faut à Macron une majorité à l'Assemblée Nationale. Tout à sa stratégie marketing, peut-être a-t-il commis une énorme bévue - qui en revanche est positive quant à la cohérence de sa démarche - c'est de trouver des candidats par Internet. Alors qu'il cherche des soutiens au sein de tous les partis et de tous les notables du système (comme Minc qui a décidé de voter pour lui, lui qui a choisi à chaque fois le candidat qui a perdu), ne vient-il pas de se couper de tous les élus de ces mêmes partis qui vont voir qu'ils n'auront aucune place si Macron était élu ? De plus c'est bien beau de choisir par Internet ses candidats, mais quelles sont sur expérience et compétence ? Tout cela sent à plein nez la stratégie de communication et certainement pas la compétence. Il y a plus de 100 000 adhérents, pourquoi ne pas trouver parmi ceux-ci les candidats ? L'ouverture à l'extérieur du parti *En Marche !* paraît une bonne idée, c'est surtout un moyen de plus de faire du buzz.

Voici le texte d'appel à candidature :
Participez à une majorité de projet, déposez votre candidature pour représenter En Marche aux élections législatives.
Les documents suivants seront nécessaires au dépôt de candidature :
CV, lettre de motivation, photocopie d'une pièce d'identité, photo d'identité. Il est également nécessaire d'être adhérent à En Marche pour candidater.

Assurez-vous d'être munis de ces documents, il n'est pas possible de valider la candidature sans avoir complété tous les champs obligatoires

Cet appel à la candidature soulève bien évidemment des questions : comme dit plus haut - et ce serait charitable d'en avertir les élus socialistes qui veulent le soutenir - que va-t-il advenir des députés socialistes qui le soutiendraient ? Sont-ils assez forts pour conserver leur circonscription si Macron - ce qui est une éventualité non négligeable - perd à l'élection présidentielle ? Vont-ils adhérer au parti politique de Macron, puisque c'est une obligation ? Vont-ils renier leurs convictions pour adhérer à celles d'*En Marche !* ? Qui va financer ces campagnes ? De son côté Macron va-t-il accepter des élus, lui qui se présente comme hors des partis traditionnels ? S'il le fait, il renie ce qu'il prône, s'il ne le fait pas, il perd tous les soutiens majeurs.

Macron a répondu à quelques unes de ces questions le 1er février 2017 sur France Inter, changeant en cela son fusil d'épaule et se reniant devant les faits plus têtus qu'il ne devait le croire. On va en parler. Voici un résumé de ses exigences (*marianne.net*) :

« la moitié des candidats et des candidates ne seront pas des parlementaires actuels », puis le « pluralisme politique [...] qui reflètera la pluralité politique du mouvement », mais aussi la « parité et de diversité [...], 50% de femmes" et, [...] « la probité : aucune investiture pour des hommes et des femmes qui auront des casiers judiciaires ».

Vous remarquerez qu'il se dédit car il va prendre des anciens élus, jusqu'à 50 %, c'est donc qu'il va user d'hommes et de femmes qui font partie intrinsèque du système, élus grâce au système politique actuel. Quelles circonscriptions seront-elles données à qui ? Si ce sont des anciens élus, c'est donc qu'ils garderont leur circonscription. Peut-on y voir pointer une manœuvre ? En effet choisissant des élus, donc par définition déjà élus, bien implantés, qui pourront être élus, il se garantit des sièges de député à ses couleurs, car vraisemblablement les tout nouveaux candidats auront moins de chance d'être élus. Mais alors ces sièges seront dus à des élus du système et cela s'oppose totalement à son idée de renouvellement. Son poids politique sera le reflet des anciens élus qui logiquement rassembleront la majorité de ses élus, s'il arrivait à être élu, lui, à l'élection présidentielle. Cela pose un autre problème. Comment va-t-il trouver 50 % des candidats étant déjà députés ? Réfléchissez un peu à ce tour de force. 50 % ? Cela veut dire donc que 50 % des élus de l'Assemblée Nationale actuelle vont rejoindre son parti politique sans oublier qu'ils devront être adhérents de ce nouveau parti. Qui peut croire à une telle histoire (comme dirait Sarkozy celui dont il est une sorte d'alter ego) ? Cela soulève trois points :

1- il trahit sa volonté d'être autre

2- si ce n'est pas réalisable (ce que je crois), il propose une mesure mensongère tout en sachant qu'elle sera mensongère

3- comment ces élus vont-il quitter le parti qui les a fait élire, trahir leur conviction, entraînant avec eux, la trahison et leur origine de membres du système ?

Nous verrons plus tard que c'set habituel chez lui, la cinquième proposition est, elle **anti-constitutionnelle** ce qui prouve que soit c'est encore une proposition publicitaire pour répondre aux attentes des Français, soit une preuve d'incompétence, ce qui prouverait son manque de professionnalisme ce qui est grave quand on veut gouverner tout un pays :

« Chaque candidat qui sera investi signera, avec moi, le contrat avec la Nation. Il s'engage à voter à mes côtés les grands projets, à soutenir notre projet. »

Ce qu'il décrit là s'appelle un mandat impératif. Or selon l'article 27 de la Constitution : *tout mandat impératif est nul. Le droit de vote des membres du Parlement est personnel.* En gros un mandat impératif est anti-constitutionnel. Se tromper sur un des piliers de la République ne fait pas très sérieux. Cela pose une autre question de fond. Alors que Macron se pose en homme politique différent qui met le participatif au-dessus de tout, voilà qu'il veut créer un régime politique autoritaire soft, un pays où la chambre des députés n'a rien à dire, et où le Législatif est soumis à l'Exécutif. Plus de débat donc. Les idées viennent d'en haut et la chambre n'est plus qu'une machine à signer les lois. Sans discussion. C'est contraire à l'esprit de la Constitution, c'est contraire à l'intérêt de la France, c'est contraire à ce que vante Macron.

Comme Macron n'est que dans le marketing et qu'il n'a absolument pas les moyens de mettre en application ses belles théories de faire la politique autrement, il passe par les canaux systémiques de la politique habituels : SMS aux membres du PS avant l'annonce de sa candidature, vieux politicards sur le retour comme Collomb, utilisation des réseaux du PS, de ceux de l'NA, proposition de réserver 50 % des places aux parlementaires etc. Le comble en fait est l'annonce des membres du jury qui va valider les candidatures aux législatives de son parti. Voici le texte in extension de *Marianne* qui en parle (http://www.marianne.net/macron-confie-son-renouvellement-ex-collaborateurs-vge-defferre-100249866.html) :

En Marche a accéléré, ce jeudi 9 février : le mouvement d'Emmanuel Macron a publié la liste des neuf membres de sa commission d'investiture, qui seront chargés de sélectionner les candidats aux prochaines élections législatives. L'objectif politique de ce conseil des sages ? Traduire dans les candidatures le renouvellement générationnel et l'ouverture à la société civile que supposerait l'arrivée au pouvoir d'Emmanuel Macron. "Quand la politique n'est plus une mission mais une profession, les responsables politiques ne sont plus des engagés mais des intéressés (...) la politique ne doit plus être un métier", estimait le candidat dès octobre dernier à Strasbourg. Affirmant vouloir bâtir son action politique avec des personnalités qui ne sont "ni fonctionnaires, ni collaborateurs d'élus ou salariés d'un parti, ni professionnels libéraux". Bref, l'inverse d'un "système" incarné par des politiques de carrière.

De ce point de vue, le listing retenu ne manque pas de piquant. Sept des neuf membres ont ainsi fait de la politique leur métier pendant une majeure partie de leur carrière... quand ils ne sont pas, toujours, des élus. Certains noms fleurent même une époque lointaine, puisque la commission d'investiture compte notamment dans ses rangs... les ex-collaboratrices de Valéry Giscard d'Estaing, président de la République entre 1974 et 1981, et de Gaston Defferre, maire PS de Marseille à la fin de la Seconde guerre mondiale, ministre sous la IVème et la Vème République. Pas vraiment ce qu'il y a de plus rafraîchissant...

Christine de Veyrac, 57 ans, constitue en particulier une prise de choix pour Emmanuel Macron : cette ancienne eurodéputée UDF, UMP puis UDI est une des rares personnalités politiques de droite à avoir rejoint l'ex-banquier d'affaires. Son CV évoque une vie professionnelle passée dans les allées du pouvoir. Avant d'être députée européenne pendant 15 ans, entre 1999 et 2014, elle a en effet passé toute sa carrière comme... collaboratrice de Valéry Giscard d'Estaing. Dans un livre paru en 2003, le journaliste Daniel Carton racontait d'ailleurs qu'en 1999, l'ex-Président avait conditionné son soutien à la liste RPR pour les élections européennes... à l'octroi d'une place éligible pour cette collaboratrice, diplômée par ailleurs de droit international public. Des pratiques d'un autre âge.

Delevoye élu quand Macron avait 2 ans

L'ex-eurodéputée ne sera toutefois pas la seule personnalité de droite présente dans la commission d'investiture, puisque celle-ci sera présidée par Jean-Paul Delevoye, ancien ministre de Jacques Chirac, président du Conseil économique, social et environnemental entre 2010 et 2015. Lui non plus n'est pas un débutant en politique : âgé de 70 ans, il a occupé presque tous les mandats électifs en 37 ans de carrière, notamment les postes de député, sénateur, maire, président de communauté de communes, conseiller général ou conseiller régional. Lors de sa première élection, comme conseiller général du canton de Bapaume (Pas-de-Calais), en 1980, Emmanuel Macron n'avait que... deux ans.

Au sein de la commission, Catherine Barbaroux, 67 ans, pourra également faire valoir son expérience : cette ancienne présidente de l'Association pour le droit à l'intitative économique (Adie), la première association de micro-crédit en France, a débuté sa carrière en 1975, en tant que secrétaire générale adjointe du groupe parlementaire PS. A ce poste de collaboratrice d'élus, elle a travaillé sous l'autorité de... Gaston Defferre, figure du Parti socialiste d'après-guerre, maire de Marseille pendant 33 ans et alors président du groupe socialiste à l'Assemblée nationale. Cette diplômée de Sciences Po est toujours restée proche des milieux socialistes : elle a été membre de plusieurs cabinets ministériels sous Mitterrand avant d'être nommée déléguée générale à l'emploi par Martine Aubry, en 1999, ou directrice générale des services de la région Ile-de-France en 2005, par Jean-Paul Huchon.

Assistante parlementaire puis sénatrice

Le reste des représentants de la commission d'investiture d'En Marche n'incarne pas non plus particulièrement le renouvellement : seules deux membres, l'avocate Laetitia Avia et la consultante en marketing digital Margaux Pech sont réellement des nouvelles venues en politique.

Deux personnalités sont au contraire des parlementaires PS, professionnels de la politique depuis de longues années. La sénatrice Anne Emery-Dumas, 57 ans, a notamment réussi l'exploit de se faire élire au Palais du Luxembourg en 2012 sans avoir jamais été élue auparavant. Mais cette militante PS depuis 1976 avait derrière elle une longue carrière de collaboratrice d'élus : elle a été directrice de cabinet du président du Conseil général de la Nièvre pendant onze ans, entre 2001 et 2011, avant de devenir assistante parlementaire jusqu'à son élection au Sénat. Le député Jean Launay, 64 ans, est lui parlementaire depuis 1998. Inspecteur du Trésor de profession, il a été élu pour la première fois en 1988, conseiller général du Lot. Avant de devenir maire d'une commune de ce département en 1989.

Blogueuse... puis cumularde

Marlene Schiappa possède quant à elle un début de parcours professionnel relativement atypique : elle a été pendant plusieurs années blogueuse spécialiste de l'égalité homme/femme et romancière. Depuis 2014, cette jeune femme de 34 ans a toutefois fait de la politique son métier : elle cumule aujourd'hui les mandats d'adjointe au Maire du Mans (Sarthe) et de conseillère déléguée au Mans Métopole. Deux fonctions pour lesquelles elle touche environ 3.000

euros net mensuels, selon ses précisions à Marianne. En mars 2016, elle est en outre devenue collaboratrice au cabinet de Laurence Rossignol, ministre des Familles, de l'Enfance et des Droits des femmes.

Enfin Cédric O est lui aussi un habitué des cabinets politiques. Ce diplômé de HEC a commencé sa carrière comme chargé de mission auprès du cabinet de Dominique Strauss-Kahn, en 2006. Après quelques années passées dans une agence de publicité, il est devenu assistant parlementaire de Pierre Moscovi en 2010, puis l'a accompagné au ministère des Finances entre 2012 et 2014.

Il faut noter que parmi ces éminents membres il y a Defferre, le Pasqua de la gauche, maire de Marseille. S'il y en a qui sont les excroissances du système dans tous ses acceptions, il y a bien parmi eux cet homme politique-là. Comment faire confiance à un Macron qui fait le contraire de ce qu'il dit et qui prend pour jury des personnalités usées à la corde du monde politique ancien ?

Ceci est un exemple de la limite de la pensée marketing et surtout d'une réflexion qui n'est que publicitaire et n'ayant qu'un objectif électoral se faisant fi du fond, d'un des éléments fondamentaux de la Politique. Macron est comme ces tomates que l'on fait pousser en l'air sans aucune racines dans le terreau des idées et de l'idéal, de la conviction. Sa seule conviction apparente est de trouver les propositions à développer qui lui ferait gagner les élections.

Puisque nous sommes dans les chiffres et la vision favorable des journalistes du phénomène Macron, il nous faut faire quelques comparaisons. D'avril 2016, date de création d'*En Marche !* à novembre de la même année il y aurait eu quelque 85 000 adhérents en six mois. Personne ne peut nier la sur-médiatisation de Macron. Cela fait plus de deux ans que l'on mange du Macron à tous les repas et que les unes se succèdent. Vous savez peut-être qu'Alexandre Jardin s'est présenté lui aussi à la présidentielle. Le mouvement qu'il a lancé, Macron refusant sa main tendue (un de plus), en deux mois (!) a aggloméré 60 000 adhérents du même acabit que ceux de Macron (inscription par Internet, une adresse courriel suffit, pas de cotisation). Deux cents maisons du citoyens (ses regroupements actifs) ont été créés y compris hors de France. Que peut-on en conclure ? Entre un sur-médiatisé et un autre qui agit sans grand soutien médiatique, la différence, compte tenu également du laps de temps inférieur pour le mouvement d'Alexandre Jardin, ce n'est pas si phénoménal que cela pour Macron. De plus si le nombre des adhérents de Macron permet à une partie de la presse de faire de ce dernier une sorte de vainqueur possible, pourquoi donc ne donnent-ils pas plus d'importance à Alexandre Jardin qui, pour le coup, est vraiment hors système des partis ? Rappelons qu'au score nombre/mois cela donne un peu plus de 14 000 pour le sur-médiatisé contre 30 000 pour celui dont on ne parle pas. Si Alexandre Jardin, tout autant candidat, avait en couverture de presse ce qui devrait lui revenir à proportion de ces nombres nous verrions sans doute le paysage politique changer et peut-être pas à l'avantage de Macron.

Dans le cadre de ces adhésions, voici le message que Macron a adressé aux Français de l'étranger. Il utilise une méthode purement marketing d'envoi par courriel. Voici deux parties de ce message :

Vous êtes Français(e), et vous habitez dans un autre pays européen. Votre expérience mérite d'être partagée: j'aimerais connaître vos impressions, vos idées, issues de votre vécu dans ce pays. Vos réponses seront prises en compte dans l'élaboration du projet que je porterai lors de l'élection présidentielle, pour faire entrer notre pays dans le XXIème siècle.

[...]

Souhaitez vous adhérer au mouvement En Marche? C'est gratuit et ça ne prend que quelques secondes.

Les remarques sont simples. Nous sommes en janvier, alors que selon ce parti déjà des dizaines de milliers de questionnaires ont été analysés avec le porte-à-porte réalisé par les militants, Macron a besoin d'idées, très tardivement. Un candidat à la Présidence de la République trace un chemin. Les applications sont de l'ordre des ministres. De plus cette démarche ressemble fort aux 110 propositions de Mitterrand. Faire un catalogue à la Prévert, voilà ce à quoi se résume le programme de Macron, qui – jusqu'à la fin de l'écriture de ce livre - reste d'un flou confondant sur ses propositions.

Ce qui est extrêmement choquant, c'est la dernière proposition. Imaginez un peu, pour voir plus loin que les simples chiffres, ce qu'est un engagement politique. En face d'engagement on vous propos gratuité et simplicité. Dans ce champ-là tout ce qui est gratuit est fortement dévalorisant. Même dans les organismes humanitaires les adhérents payent une cotisation. Et si on n'a pas les moyens me direz-vous ? Alors on module la cotisation et on met la plus basse à 5 €. De toutes façons tout se passe par Internet, or Internet n'est pas gratuit, il faut un ordinateur, une tablette, ou un smartphone, il faut une connexion, un abonnement et tout cela ce n'est pas gratuit. Simplifier à l'extrême quitte à ne as valider le fondement de l'engagement, rendre gratuit l'adhésion lorsque ce n'est qu'un objectif de faire du chiffre n'est aucunement une démarche saine. C'est un résumé de Macron.

Prenons deux autres chiffres. Celui du meeting de Paris (on annonce entre 10 et 15 000 personnes), pour lequel il faudra revenir parce que son coût est à prendre en compte, qu'est-ce à côté des meetings de Sarkozy (qui est, en quelque peu différent, une sorte de frère aîné par la capacité à galvaniser les foules) ? Plusieurs des meetings de Sarkozy ont réuni au moins 5 fois plus. Et ne pensez-pas que seules les fausses factures et les montants indécents des meetings de Sarkozy ont permis ces nombres car celui de Macron a aussi coûté plus que le prix de deux Carambars. Et enfin parlons des ventes de livres. On oublie assez facilement que Bayrou a fait de nombreux best sellers que ce soit avec son livre sur Henri IV que ses différents autres livres dont certains ont dépassé les 100 000 exemplaires. La presse s'est émerveillée des chiffres des ventes des deux derniers livres de Sarkozy (230 000 à diviser par deux en parts inégales), ne cherchant pas à comparer ce chiffre avec le nombre de militants de *Les Républicains* (240 000 revendiqués plus que les ventes cumulées des deux livres) ce qui lui aurait donné une idée de ce succès car il y a eu bien moins d'exemplaires vendus que de militants dont 80 % étaient des fans de Sarkozy. Ce qui veut dire que même l'ensemble des militants ne les a pas achetés. En 2016, alors que quasi personne n'en parle, Taubira a réussi l'exploit de vendre avec un seul livre 160 000 exemplaires alors que Macron 60 000 seulement soit si le chiffre des adhésions est exacte environ un seul militant sur deux l'a acheté, ce qui là aussi relativise le succès. Macron vend moins que Bayrou, moins que Taubira (un peu plus qu'un tiers). Et si l'on regarde ce qui est arrivé à Sarkozy : Présidentielle perdue, Primaires perdues dès le premier tour, le nombre de personnes aux meetings ou la vente des livres ne font pas des voix, en tout cas pas suffisamment.

MACRON CANDIDAT

Il est temps d'entrer dans le vif du sujet, Macron. L'intérêt, et l'avantage si l'on peut dire, de la démarche d'un tel livre est qu'il se situe du côté de l'électeur à partir des données publiques. Un électeur donc - ce qui ne le dégage pas de la responsabilité de prendre du recul - qui s'éloigne d'une part des analyses des politologues qui ont souvent tendance à plier les faits à leurs théories initiales, et d'autre part des journalistes qui visent l'éclat et ou qui ont accès à des informations peu ou non accessibles par le commun des mortels avec deux défauts, en France tout au moins, une proximité, dommageable pour l'intégrité intellectuelle, avec les politiques, et la diffusion d'informations qui plaisent au public par ce que cela a de révélations mais qui ne traitent pas du fond, ce qui est pourtant le plus important. On le voit que cette maladie touche aussi le Macronland. En effet on a appris que cette journaliste, Laurence Haïm, correspondante pour iTélé, est devenue porte-parole de Macron pour les présidentielles. Il s'agit bien évidemment d'un mélange des genres et surtout un démonstration que Macron est bien intégré au Système dont il tire profit dès qu'il peut.

Pour analyser Macron et sa candidature, nous devons nous tenir au principe de base qui est que ce que dit Macron doit être cohérent et dans l'ensemble de son discours et avec ce qu'il fait et avec son parcours, et qu'il est sincère, c'est à dire qu'il n'éblouit pas la population par la forme, pour masquer le fond, ni une méthode purement marketing pour arriver à ses fins. Cette démarche d'analyse est tout simplement saine tout en étant simple et facile à mettre en œuvre. Tous les éléments sont ainsi au vu et au su de tous. Il n'y a pas de tricherie, pas de coups bas. De ce que l'on peut retirer des informations publiques, on peut dessiner certains traits de caractère, reste à savoir s'ils sont compatibles avec l'éminente fonction de Président de la République. Les déclarations citées dans cet ouvrage proviennent des sources habituelles, publiques (Internet, vidéo) et du site d'Emmanuel Macron, *En Marche !*.

Il faut bien sûr préciser que ce livre traite du domaine politique de Macron, uniquement politique. Il est un homme public, qui se présente à la Présidence de la République, et ce livre est là pour éclairer les électeurs, en tant qu'électeur. Il y a de ce fait une asymétrie totale entre Macron et quelque électeur qui soit. Tout comme il y a une asymétrie entre un candidat d'un concours et un examinateur. Il n'est pas question d'inverser les rôles. C'est Macron lui-même, comme tout candidat, qui se met dans cette position. Nous sommes dans une démocratie élective. Le candidat est jugé et l'électeur juge. Il ne peut y avoir de renversement de rôle. Quand Hillary Clinton insulte les électeurs de Trump, elle se trompe totalement. Insulter les électeurs de Marion Anne Le Pen, publicitairement appelée Marine, on se trompe. Chaque électeur vaut une voix et toutes les voix sont équivalentes entre elles. Si un électeur de Marion Anne Le Pen, dans sa vie personnelle commet des actes xénophobes, violents, antidémocratiques, il devra en être jugé et en subir les conséquences. Si cela croise son pouvoir électoral, son droit de vote pourra lui être retiré. Dans notre démocratie soit on considère ces partis comme non démocratiques et la République leur interdit de pérorer publiquement et de présenter des candidats, soit non et, dès l'instant où ces partis ont des candidats légalement valides, on autorise de facto leurs électeurs à voter et à voter pour eux. C'est le rôle du politique de détourner les électeurs des idées néfastes portées par des personnes néfastes quand bien même ces personnes politiques respecteraient la loi à la lettre (ce qui ne semble pas vraiment le cas pour le financement du FN et du détournement des attachés parlementaires européens au profit du parti) mais développeraient des solutions sous-tendues par des sentiments assez médiocres du côté de l'humanisme et de la justice, le plus souvent le plus proches des instincts primaires.

Macron a fait de nombreuses déclarations. Certaines sont fondatrices. Par ailleurs Macron a un passé politique, professionnel que l'on ne peut ignorer et enfin Macron a gouverné ce qui ne peut être évacué. Ce qui est assez étrange comme avec Fillon, pour qui beaucoup font comme si d'avoir été co-responsable pendant toute la durée du quinquennat de Sarkozy et d'avoir appliqué sa politique avait disparu de la réalité et qu'il serait un autre homme politique non co-responsable de tout ce qui a été fait (noyé dans les différentes affaires dont le PenelopeGate - la porte du coffre fort - tout cela passe au second plan), de même Macron semble lavé de toute son action pendant deux ans comme secrétaire général adjoint (rien que cela) de l'Elysée et deux ans en tant que ministre, comme si se présenter serait un baptême avec de l'eau électorale qui le laverait de son passé. Tout ceci est fort étrange et peut s'expliquer par un besoin impérieux de vouloir choisir un autre homme politique comme providentiel par rejet irrépressible d'un ou d'autres hommes politiques (Sarkozy pour l'un Hollande pour l'autre). Par ce phénomène de vase communiquant quelque peu dévoyé, on en choisit un, on s'illusionne sur ce qu'il est car cela permet de trouver une voie qui semblait ne plus exister, tout comme, pour ceux qui ont une véritable envie que cela change, de se donner une figure tutélaire à suivre, nouveau messie, et peu importe que l'analyse des faits nous montre des aspects fort différents de l'image d'Epinal bâtie souvent à coup de communication professionnalisée et issue du monde économique, de celui de la marchandisation de la vie publique. Macron n'est peut-être pas la marionnette aux mains de grands argentiers comme certains veulent le présenter (en tout cas il est dangereusement proche de certains d'entre eux comme Bébéar ou Drahi ou Bergé ou Hermand par exemple), il est, pourtant, sans aucun doute, sa propre marionnette marketing qu'il a mise en place, on peut le supposer, depuis qu'il s'est engagé auprès de François Hollande. Ce qui me paraît détestable c'est que toute cette énergie qui surgit de ses soutiens, nombreux, dynamiques, la plupart jeunes en politique, va être gâchée par une illusion d'optique et par une manipulation qui cache son nom.

Ce n'est pas un livre avec une intrigue où l'on découvre à la toute dernière page qui est l'assassin (ou comme *Le meurtre de Roger Ackroyd* qui a été le premier roman à inverser les habitudes des écrivains de roman policier car c'est l'assassin lui-même qui mène l'enquête), le titre de ce livre est explicite *L'hyperbole du système et de la duplicité*. Cette conclusion donnée à l'avance n'était pas un préalable. Elle arrive tout naturellement dès que l'on gratte un peu le vernis passé au rouleau par Macron et une partie de la presse. Par ce livre vous aurez tous les éléments que vous pourrez confronter à la réalité, à votre opinion.

On peut dire qu'il existe deux voies de réflexion : l'inductive et la déductive. *L'inductive* est une façon de réfléchir qui permet d'entrevoir la solution de façon quasi instantanée et demande ensuite de savoir comment arriver à cette solution. La *déductive* est un peu comme un GPS dont on ne lit pas le parcours en entier mais dont on suit pas à pas les directives. Ce livre se fonde sur la deuxième approche, suivie ensuite de la recherche ou de l'infirmation des premières conclusions. Au départ effectivement tout commence par un regard critique vis-à-vis de Macron à cause de son attitude d'être un pied dedans, un pied dehors du gouvernement. Chevènement, qui fut un temps son mentor, déclarait « quand tu es ministre, soit tu fermes ta gueule soit tu démissionnes ». Macron l'a ouverte et n'a démissionné que quand tout fut prêt pour sa candidature. Lorsque l'on est attaché à l'éthique, on ne peut cautionner une telle attitude. Il ne s'agit pas là de camp politique. Il s'agit d'une généralité qui doit être viscéralement attaché à tout politique.

Il faut un début à une analyse, des éléments qui sont une sorte de prémisses de la suite politique de Macron. Deux éléments fondateurs se distinguent :

- l'image générale que dégage la candidature de Macron : jeune, dynamique, nouveau, au centre, rafraîchissant (?), qui bouscule les lignes, hors système, sympathique, haut dans les sondages en notoriété et sympathie (et également en intention de vote). Une image très positive en somme
- sa déclaration sur son site *En Marche !*. Les autres déclarations étant, arrivant avant ou après, des compléments. Celle de son site a une importance particulière car elle est le fondement de sa candidature.

Voici le texte fondateur copié à l'identique (elle pourrait changer comme Fillon a fait disparaître le fâcheux d'une de ses propositions) à partir de son site en-marche.fr

*Il y a, me concernant, des choses que beaucoup savent déjà.
J'ai fait l'ENA, je suis Inspecteur des Finances, j'ai travaillé dans une banque d'affaires, puis pour François Hollande durant la campagne présidentielle de 2012, et j'ai été à son service durant plus de deux années comme Secrétaire général adjoint de l'Elysée. J'ai été Ministre de l'Economie, de l'Industrie et du Numérique, avec passion, jusqu'à la fin du mois d'août 2016.
Voilà pour la biographie officielle.
Mais ma vie, c'est aussi d'autres choses qu'il me semble utile de partager avec vous.*

Je suis né à Amiens il y a 38 ans. J'ai été élevé par mes parents, médecins de service public tous les deux, aux côtés de mon frère et de ma sœur. Jusqu'à sa disparition récente, j'ai été extrêmement proche de ma grand-mère. Elle était principale de collège. Si ma réflexion et mon engagement politiques n'avaient qu'une origine, ce serait elle.

J'ai effectué ma scolarité dans ma ville natale. Au lycée, j'ai rencontré celle qui deviendrait mon épouse, Brigitte, et qui enseignait alors le français et le théâtre. Lorsque je regarde en arrière, je peux dire que j'ai eu de la chance. J'ai grandi dans un milieu aisé. Mes années d'enfance et d'adolescence ont été synonymes de rencontres, de lectures, de découvertes. Elles m'ont incité, un peu plus tard, au cours de mes études, à aller vers la philosophie et à assister Paul Ricœur dans son travail. Je ne cesse encore aujourd'hui de le lire et de tenter de nourrir mon action de ses réflexions, de sa philosophie et de ce qu'il m'a appris.

Enfin, il y a ma famille. Mon socle, mon refuge. Nos enfants et beaux-enfants, et nos sept petits-enfants.

Voilà pour une biographie plus intime.

Et ma vie aujourd'hui, c'est d'abord un combat pour des valeurs que j'ai chevillées au corps.

Travail.

La première, c'est le travail. Car oui, je considère que le travail est une valeur. Parce que c'est la première source d'émancipation individuelle et parce que c'est le moyen le plus puissant de se libérer du déterminisme : c'est par le travail que l'on peut devenir celui ou celle que l'on a envie d'être. C'est parce que je crois au travail que je me suis inscrit en classes préparatoires et que j'ai tenu à passer ensuite les concours républicains.

Liberté.

La seconde, c'est la liberté. Pour moi, elle s'appuie sur la volonté de comprendre, de découvrir, d'analyser de manière autonome. L'amour de la liberté, c'est donc ce qui m'a conduit à la philosophie. C'est ce qui m'a poussé à accepter la proposition du Président de la République, lorsqu'il m'a demandé de devenir ministre, alors même que la politique n'est pas le milieu d'où je viens. C'est ce qui me fait dire ce que je pense, quoi qu'il en coûte.

Fidélité.

La fidélité, ensuite. A ce que je suis et à ce que je pense. A ma famille et à mes amis. A mes convictions et à mon pays.

Ouverture.

L'ouverture, enfin : c'est l'unique moyen de progresser tout en restant soi-même. J'ai toujours souhaité voir comment les choses étaient ailleurs. Ailleurs, c'est-à-dire dans le secteur privé, alors que je suis un enfant du service public : c'est la raison pour laquelle j'avais commencé à monter ma propre entreprise avant de devenir ministre. Ailleurs, c'est-à-dire à l'étranger, alors que j'ai grandi et étudié en France et que je me sens viscéralement français : j'ai toujours essayé de voyager, pour le plaisir comme pour le travail, afin de voir comment il était possible de mieux faire chez nous.

Ces valeurs me constituent, mais elles ne m'appartiennent pas. Elles ne sont pas originales. Elles sont chaque jour le moteur quotidien de l'immense majorité d'entre nous. Mais c'est pour ces valeurs, et pour permettre à chacun de les faire vivre pour soi-même, que je m'engage en politique.

Il est à noter, car ceci est fort intéressant - ce n'est pas la découverte du siècle, très nombreux sont ceux qui l'ont remarqué - non seulement qu'*En Marche !* reprend les initiales d'Emmanuel Macron, mais qu'en plus c'est lui qui a écrit le sigle qui ressemble à sa signature. On ne peut négliger ce fait qui sous-tend un orgueil qui n'est pas de petite nature. On peut imaginer un culte de la personnalité masquée, subtilement masquée. Certes, sans doute, tous les hommes politiques l'ont-ils, cependant il ne faut pas confondre l'orgueil d'avoir fait avec celui d'être. L'un est justifié, l'autre écrase l'environnement, le second n'en étant que la face obscure et détestable : infatuation, morgue, sentiment de supériorité.

Pour décorer ce propos voici les deux, le nom du parti et la signature de Macron :

Emmanuel Macron

En Marche !

N'est ce pas fascinant ? Cela nous rapproche de la fin du meeting de Paris où une image ne peut que pousser tout électeur à s'interroger sur sa personnalité, car on le voit les bras haut levés, le visage illuminé, regard au ciel, un sentiment qui se dégage d'un homme en extase religieuse. Vous trouverez l'extrait ici : https://youtu.be/WoLZYEO2-FQ C'est un extrait, non trafiqué bien évidemment, tout comme évidemment on peut rétorquer que c'est très malhonnête d'extraire 40 secondes d'un meeting de plus d'une heure. Certes, mais là, nous ne parlons pas des propositions, dont on reparlera plus tard, nous nous intéressons au caractère de Macron et à ce que peuvent révéler ces quelques dizaines de secondes. Galvaniser une foule est-ce une qualité ? Une qualité, quand on veut être tribun, c'est certain. Les questions sont autres : quel est le fond du discours qui galvanise ?, quelle forme permet-elle de galvaniser ?, quelle foule est-elle galvanisée ? Le fond de ce discours ne peut être dans ce meeting de Paris dangereux que dans le cas où il repose sur la duplicité, car dans ce fond, Macron ne demande pas de prendre les armes et d'égorger son voisin. Ensuite, galvaniser une foule qui n'attend que cela n'est certes pas donné au premier venu, mais bien au deuxième et au troisième. Macron n'a-t-il pas fait du théâtre dans sa jeunesse ? Ce qu'il faut regarder de près c'est la toute dernière image de cette vidéo. Cela ne dure qu'une seconde ou deux. Macron, extatique, le regard au ciel, images précédées par celles de ses bras écartés, sa gestuelle (des grands pas) et ses cris. Tout ceci donne l'impression d'un exaltation née de l'adulation de la foule d'une part et d'un confiance orgueilleuse en soi, soutenue par un manque total de contrôle. Nous ne sommes pas dans le cadre d'une grande joie personnelle où une telle extase peut arriver sans que cela ne soit un danger, ou même étant au contraire réjouissante, mais d'un meeting public pour un candidat qui vise à gouverner la France. Quid de ses réactions en tant que Président de la République quand il est incapable de résister à une autosatisfaction monstrueuse qui balaye tout devant lui ? Quid justement de cet orgueil démesuré lorsqu'il y aurait des décisions à prendre, confronté qu'il serait à d'autres dirigeants de pays plus puissants ou très dangereux ? Le signe qui nous est donné par ce passage n'est pas rassurant. On peut y voir aussi un autre aspect que permet une vidéo comparative avec le film *Le loup de Wall Street* (avec di Caprio). Cette comparaison avec la galvanisation des traders est stupéfiante tant elle paraît juste. Dans la forme déjà où c'est étonnamment semblable, et dans le fond, Macron ayant travaillé avec la banque Rothschild qui lui a permis de gagner en dix-huit mois deux millions quatre cents mille euro, quand bien même ce serait une rémunération brute (http://bfmbusiness.bfmtv.com/france/en-18-mois-emmanuel-macron-a-gagne-24-millions-d-euros-rothschild-854145.html). Il faut aller plus loin. Cette vidéo est troublante, et cela devient plus troublant encore quand dans une entrevue du JDD du 12 février 2017, Macron développe ces concepts hallucinants comme : *La politique, c'est mystique. Mais je ne crois pas à la transcendance éthérée. Je ne sépare pas Dieu du reste.* [Et la laïcité qui sépare justement Dieu du reste qu'en fait Macron ?] *La politique, c'est comme la littérature, c'est un style,* affirme l'ancien chouchou du Président. *C'est une magie. Il faut définir le cœur de ce qu'on veut porter.* Je vous laisse juge des implications de telles phrases avec des mots aussi forts que mystique, transcendance, Dieu et magie.

Le Système et Macron

On pourrait commencer par une boutade en substituant au Système et Macron, l'expression le système de Macron. Avant d'aller plus loin, il faudrait s'entendre sur ce qu'est le système, afin de savoir si Macron en fait partie, l'utilise ou non. Une définition simple serait de dire qu'en fin de compte le Système n'est rien d'autre que l'utilisation par un groupe de cette appartenance à ce groupe pour bénéficier d'avantages bien au-delà de ce que chacun aurait obtenu s'il n'en faisait pas partie. On entend des avantages de pouvoir que ce soit professionnel ou que ce soit politique. Dans ce que l'on appelle *Système*, de fait, les deux mondes sont liés, avec des passerelles pendantes d'un monde à l'autre. En France nous avons aussi la particularité d'y ajouter un autre monde qui est celui de la presse. Combien y a-t-il de couple presse/politique dans notre pays ? Je ne connais pas assez le vaste monde pour juger ailleurs, il se trouve en revanche qu'aux USA ces liens visibles sont bannis. Bien évidemment il doit y avoir quelque laissons occultes, ou peut-être nombreuses, je ne sais, mais cet étalage de la promiscuité presse politique et monde politique est fort malsain. Concernant Macron, on l'a vu précédemment avec Laurence Haïm, venant d'iTélé.

Macron étant un enfant du système - ce que ce livre va démonter - la conséquence irrémédiable puisque son positionnement est anti-système, est que cela ne peut qu'engendrer la duplicité. On peut dire que l'une est la fille nécessaire du premier. Système/anti–système/duplicité sont intimement liés. Les trois entités sont consubstantielles. Les trois principes sont covalents. Ils sont indissolubles. Cette triste réflexion amène à une conclusion anticipée qui est, outre que Macron est l'hyperbole du système, sa candidature n'est que duplicité et ne peut être que cela. C'est un grave dommage causé à la démocratie alors qu'il est présenté un peu comme le sauveur de celle-ci. Démontrer - assez facilement - qu'il est tout sauf anti-système entraîne obligatoirement à prouver qu'il ne peut qu'être « duplice ». Prouver ensuite la duplicité chez lui à tous les niveaux est assez facile tant il y a de preuves. Certains qui défendent les thèses de Machiavel, trouveront au contraire, comme pour Mitterrand que ces mêmes, ou ceux de leur famille de pensée, avec jubilation ont flatté d'être Le Florentin, qu'il serait précieux d'avoir à la tête du pays un homme à la duplicité chevillée au corps, faisant de lui un politique redoutable. Renaud Dély ex *Nouvel Observateur*, pourrait être de ceux-là. Sauf, sauf que la France ne dirige pas le monde, que la duplicité se retourne toujours contre le pays, et que c'est avant tout un moyen d'accéder au pouvoir qui est une trahison de la démocratie et des électeurs. Le grand problème, outre éthique, moral et même dans l'efficacité, de la duplicité c'est qu'une fois que l'on a mis le doigt dans l'engrenage, il n'y a aucun moyen de s'en sortir, comme un mensonge entraîne un autre mensonge qui en entraîne un troisième.

En quoi Macron serait-il un enfant du système ? S'il y a en France un des lieux sacrés du système c'est bien l'ENA.

Hollande a placé tous ses copains de la même promotion Voltaire qu'était la sienne. Marcon ayant fait l'ENA, se trouve donc au sein même d'un des puissants rouages du système. Cependant, tout ne commence pas avec l'ENA. Tout commence avant. Un des moteurs du système est l'adhésion à un puissant parti. Mélenchon en est un autre exemple. Il n'a été qu'apparatchik du PS puis élu à chaque fois soit au suffrage indirect, soit à la proportionnelle, tête de liste, ce que seul un rouage du système peut se permettre. Macron qui dit dans sa déclaration sur son site (il est temps d'y venir), trois choses importantes. En gros il est un enfant de la République, il doit son positionnement politique à sa grand-mère (principale de collège dans l'enseignement public) et qu'il est fidèle à ses idées :

J'ai été élevé par mes parents, médecins de service public tous les deux, aux côtés de mon frère et de ma sœur. Jusqu'à sa disparition récente, j'ai été extrêmement proche de ma grand-mère. Elle était principale de collège. Si ma réflexion et mon engagement politiques n'avaient qu'une origine, ce serait elle.

[…]

La fidélité, ensuite. A ce que je suis et à ce que je pense. A ma famille et à mes amis. A mes convictions et à mon pays.

On peut donc résumer qu'il est issu d'un milieu « public » plutôt aisé, que de ce fait - quand on y ajoute qu'il a été proche de Chévènement (adhérent à son mouvement ?) et fut adhérent trois ans au parti socialiste - de gauche, fidèle à ses idées, et même à gauche il est socialiste. On n'adhère pas pendant trois ans à un parti sans en partager les principes de base. Il va devoir toute sa carrière professionnelle et politique au PS, à ses contacts au sein du PS et à l'ENA. Il va se servir du PS et de l'ENA pour réussir. En effet si Macron a pu réussir professionnellement c'est parce qu'il a eu des mentors, et il a pu avoir ses mentors c'est parce qu'il a été du sérail, parce qu'il a fait partie d'un mouvement politique puissant avec des ramifications dans le monde économique. Lorsque l'on regarde son parcours politique et professionnel, on se rend compte que c'est un homme de réseau, un super-champion des réseaux. Sa carrière professionnelle il la doit en fait à l'ENA, fabrique à complicité de classe, car lorsqu'il est en stage à la préfecture de l'Oise il se lie avec un homme d'affaire puissant et riche, Henry Hermand, qui sera témoin à son mariage. Par la suite l'ENA et la politique lui permettent de faire partie de la commission Attali, c'est ce même Attali qui le fera entrer chez Rothschild dont il deviendra associé gérant, en le recommandant à François Henrot. Attali fut un directeur fort dispendieux de la BERD. Attali est une pointure dans le Système, une grande pointure où on en retrouve un autre Alain Minc, le grenouilleur magnifique, le conseilleur jamais payeur, de tous les salons et de tous les cercles. C'est ce même Minc qui va lui permettre d'obtenir un poste de maître de conférence à la London School of Economic - ce qui relativise la soudaineté de son soutien à Macron -, lors de son intermède entre sa démission du poste de secrétaire adjoint de l'Elysée et celui de ministre. Il serait du reste intéressant de savoir qu'est devenu ce poste.

La carrière professionnelle de Macron est une des démonstrations faciles qu'il est l'hyperbole du système. Ce sont ces deux mamelles, principe de base du Système, l'ENA et l'engagement politique qui lui ouvrent les munificentes portes de Rothschild. Cet homme de conviction de gauche, va se frotter à l'argent (il n'en était pas très éloigné par son milieu familial, et son passage au Lycée Henri IV de Paris, un des plus huppés de France. On ne rentre pas comme cela dans ce lycée, sans recommandations, venant d'Amiens. Déjà le système). Celui qui se présente comme la fraîcheur révélée en politique a quand même cherché à utiliser le système à fond quand, par exemple, il a tenté d'obtenir un poste à l'Université d'Harvard grâce à Philippe Aghion, professeur au Collège de France, économiste, qui a enseigné à Harvard.

Il faut s'attarder sur un point qui n'est pas négligeable, et même est un des éléments parmi les plus importants qui font qu'il est difficile de faire confiance à Emmanuel Macron. Il faut se rapporter à sa déclaration du site : « que j'ai tenu à passer ensuite les concours républicains. »

C'est pour la valeur travail qu'il a voulu passer des concours républicains. Outre que de parler de concours républicains, n'est qu'une expression cosmétique qui veut en jeter plein les yeux et démontrer sont attachement à la République et donc aux institutions, il est visible que passer ces concours a pour résultat plus de faire carrière que de servir la République. A mon sens, il devrait être tout simplement interdit à toute personne qui a fait l'ENA de mettre ses compétences aux services du privé pendant une période incompressible. Se servir de sa démission du service public en remboursant 54 000 €, ce qui est permis si on ne donne pas 10 ans de sa vie à l'Etat - ce qui est la moindre des choses quand ce dernier vous a rémunéré et vous a ouvert tant de portes dans tous les mondes : politique, économique, journalistique - est une belle tartufferie. En effet, manuel Macron a gagné au sein de sa banque d'affaires l'extravagante somme de deux millions quatre cents mille euros (bruts certes) pour une activité de 18 mois. Imaginez un peu cela représente 1 520 mois au SMIC (brut) soit 134 ans (plus de trois vies de travailleur lambda !) et ce en 18 mois. Ensuite admettons que, après charges salariales et impôts, il en reste plus de la moitié (revenus d'actions en partie), soit 1 million quatre cents mille euros, rembourser 54 000 €, non seulement ce n'est que 4 % mais en plus il en restera encore 1 350 000 ! Il est même indécent d'oser se vanter d'avoir rendu cette somme à l'Etat alors que c'est grâce à l'ENA qu'il a pu trouver ce poste. Il joue à la même quand il dévoile son patrimoine comme s'il était le champion de la transparence alors qu'il sera obligé de le faire en tant que candidat à la Présidence de la République. Au-delà de cette tartufferie publicitaire, ce qui est, au fond aussi grave, c'est qu'en homme de gauche, en socialiste, il s'est compromis dans une opération capitalistique où Nestlé a racheté une filiale à Pfizer, deux groupes parmi les plus capitalistes au monde. Capitalistes durs, bien sûr. Et enfin aucun travail de conseil ne devrait être payé au pourcentage et donc Macron n'aurait jamais dû toucher une telle somme en tant que conseil. En effet le pourcentage n'a de sens que pour un commerçant qui prend un risque avec l'achat de la marchandise. Un conseil fournit une simple prestation en fonction de données connues, des règles à respecter. Il ne prend aucun risque, n'a pas de stock. En quelques mots, le gars anti-système a pu s'enrichir par le Système en reniant le fondement politique de son passé, en gagnant indûment des sommes colossales et en travaillant pour une banque capitaliste au service de deux sociétés qui jouent au Monoply capitaliste. Tout cela est extrêmement médiocre et condamnable. Comment Macron peut-il justifier par la valeur travail son salaire qui est tout à la fois hors de proportion et ne répond aucunement à cette valeur, mais à celle opposé de revenus commerciaux ? En travaillant pour Rothschild il a trahi tout à la fois le service de l'Etat, le sens de l'engagement socialiste, ses origines, l'éthique, la valeur travail et la simple décence. Nous voyons bien avec ces exemples comment pointe la duplicité de cet homme politique. Du reste sa duplicité se trouve quasi dans chaque phrase, chaque attitude, chaque fois qu'il façonne par les mots son personnage.

Restons un instant sur cette valeur travail et sur le Système. En effet un polémique est née à la suite de la non déclaration à l'ISF d'Emmanuel Macron. On l'a accusé d'avoir été redressé ce qu'il a corrigé en déclarant que ce n'était pas un redressement mais une rectification suite à une différence d'appréciation de la valeur d'une maison au Touquet (si être au Touquet n'est pas le snobisme du système, c'est que les poules ont des dents). Ce qui est fort intéressant c'est sa défense que vous trouverez ici : *https://en-marche.fr/retablir-la-verite/*

Voici un premier extrait : *j'ai fait appel à l'un des cinq experts nationaux indépendants près la Cour de Cassation.* **Cet expert a conduit un travail approfondi pendant plusieurs semaines**, ... vous notez les plusieurs semaines... Une bonne technique de communication. Soit cet expert est compétent, soit non. Il faut, disons, deux heures pour appréhender le bien : date de construction, superficie, nombre de pièces, emplacement, style, état de la construction, les plus et les moins. Plusieurs semaines, rien que pour sa maison, c'est quelque peu ... exagéré. C'est fait pour faire sérieux. C'est du bidon. Le roi de la langue nous écrit ceci : *Il est donc faux de dire que j'aurais fait l'objet dune procédure de redressement fiscal, car c'est une régularisation que j'ai moi-même effectuée.* On peut juste en conclure qu'il a été favorisé avant que l'on demande un redressement. Il faut savoir soit l'administration a fait une réévaluation, soit de lui-même Macron a fait une juste déclaration et a payé l'ISF. Or les deux sont tout simplement incompatibles. C'est bien parce que l'administration a réévalué sa maison qu'il a dû payer l'impôt et en plus pour deux années « oubliées ».
avec pénalités Il s'agit, si ce n'est dans les termes (et encore) mais dans les faits bien d'un redressement fiscal. Si ce n'est pas un mensonge c'est une interprétation des faits qui est abracadrabantesque. Sans oublier que c'est Bercy qui contrôle son chef.

Cette défense est éclairante pour un fait le concernant, lui qui dit que pour s'offrir un costume il n'y a qu'à travailler. Voici un autre extrait : *Lorsqu'en **2007** (alors* que j'étais **fonctionnaire**), j'ai acheté un appartement à Paris, **je l'ai financé en totalité** avec des emprunts car je n'avais aucun apport personnel ou familial. J'ai donc emprunté une partie auprès du Crédit Mutuel, et auprès de mon témoin de mariage, Henry Hermand, une somme de **550.000** euros (prêt personnel à un taux de 3,5 %, déclaré à l'administration fiscale et contracté devant avocat).

Il faut se mettre dans la peau d'un fonctionnaire normal, simple citoyen hors système. Ce simple fonctionnaire, même de grade un peu élevé, à 29/30 ans (en 2007, Macron ayant 39 ans aujourd'hui en début 2017), peut-il emprunter 550 000 € à 3,5 % ?

Le *JDD* du 18 février 2017 (*http://www.lejdd.fr/ Politique/Argent-d-Emmanuel-Macron-les-questions-qui-derangent-848333*) nous donne des renseignants parfois contradictoires :
Emprunt global en 2007 : 950 000 €
Emprunt Armand : 550 000 €
Emprunt Crédit Mutuel : 350 000 €
Revente de l'appartement en 2016 : 980 000 €
En réponse aux questions du JDD l'équipe de Macron aurait dit : « L'effet inspecteur de finances en sortie de corps a joué à plein et le prêt d'Henry Hermand lui a servi d'apport personnel ». Sa déclaration de patrimoine confirme que cet appartement a été acheté en juin 2007.

HATVP

**HAUTE AUTORITÉ
POUR LA TRANSPARENCE
DE LA VIE PUBLIQUE**

DECLARATION DE SITUATION PATRIMONIALE

en qualité de : membre du gouvernement

N O M : MACRON   **P R E N O M :** Emmanuel

I - Immeubles bâtis et non bâtis

	Adresse, nature du bien [1], superficie	Origine de propriété (acquisition, succession, donation, ...) Nom du précédent propriétaire	Régime juridique du bien [2]	Date d'acquisition	Prix d'acquisition et montant des travaux effectués depuis	Valeur vénale [3][4] à la date de la déclaration
dpt 75	Appartement de 83 m² + terrasse + parking	Acquisition en commun par Ancien propriétaire :	Biens communs	Juin 2007	890 000 € (70 000 € de travaux ont été réalisés)	935 000 €[5]

Comme toujours on ne sait jamais tout, ni ce qui en est exactement. Dans sa défense il dit deux choses : qu'il a acheté cet appartement (et non en commun de plus il s'est marié en octobre 2007, on peut supposer que commun veut dire avec sa future épouse) alors que dans la déclaration ci-dessus c'est indiqué en commun et son emprunt avec Hermand et le Crédit Mutuel. Enfin on ne sait pas si l'achat est de 890 000 + 70 000 € de travaux, ou travaux compris. Le texte en haut de colonne indique achat + travaux effectués depuis. Il n'a pu acheter avec les travaux faits qui ne sont qu'ultérieurs à l'achat. Reste dans ces sommes les frais d'acquisition qui ne sont jamais comptabilisés dans la valeur du bien. Du reste quand on lui demande pourquoi son estimation du bien en 2014 qui devrait être au moins de 35 % de plus que son prix d'achat (évolution des prix de marché) donc plus d'un million cent mille euros, n'est que de 935 000 (et si les travaux sont en plus on aurait alors une baisse de la valeur) - ce qui voudrait dire qu'il a sciemment minimisé sa valeur - il déclare qu'il l'a acheté trop cher. Cependant il a été revendu 980 000 en 2016 Cette déclaration a son importance comme nous allons le voir.

Il faudra nous expliquer comment Macron a pu emprunter, sans faire partie du système ces 550 000 €. Il s'agit là, sans aucun doute d'un problème majeur lié à Macron car il y a une zone d'ombre sur ce prêt. Un emprunt de 550 000 € si on prend une durée de 20 ans au taux de 3,5 % cela donne un remboursement mensuel de 3 189,78 sans assurances. Cet emprunt serait sur une durée de dix ans de 4 846,83 €. Il faut donc ajouter le prêt du Crédit Mutuel de 350 000 €. ce qui nous donne à ajouter soit 2 029,86 en 20 ans, soit 3 084,35 en 10 ans. Nous avons au total si c'est en 20 ans : 5 219,54 soit si c'est en dix ans : 6 876,69 €, toujours par mois. En résumé si le remboursement se fait en 20 ans il doit sortir par mois hors assurance, hors impôts et taxes (foncière et d'habitation) et hors charges sociales entre 1,7 et 2,2 fois son salaire brut, sans oublier un autre prêt familial de 50 000 € et ou les frais d'acquisition non finançable par un emprunt. Comment a-t-il fait ? Si c'est un remboursement in fine en payant chaque année les intérêts il doit sortir 2 625 €

minimum par mois toujours sans oublier les impôts et taxes etc, gagnant 3 000 bruts et surtout en devant rembourser un fine le capital et donc vendre son appartement.

- Comment monsieur Hermand a-t-il pu raisonnablement prêter un somme dont le remboursement mensuel de la totalité des deux emprunts est soit supérieur à entre 70 et 120 % (prêt linéaire) soit juste inférieur (in fine) au revenu mensuel brut de Macron ? Et comment Macron a-t-il pu imaginer rembourser ces emprunts ? Peut-on imaginer que cet emprunt puisse être un don déguisé en souvenir de Roger Patrice Pellat et Bérégovoy et son prêt d'un million de francs ?
- Comment un avocat a-t-il pu servir de caution à un tel emprunt sans violer la déontologie professionnelle ?

On peut aussi supposer que Macron a remboursé seul sans le salaire de sa future épouse car il écrit *je l'ai financé dans sa* **totalité** (donc seul). Soit ces emprunts participent d'un monde onirique où l'économie n'existe pas, soit il ment et il l'a acheté avec sa future épouse, ce qui de toutes façons n'est pas plus compatible ave leurs revenus cumulés. De plus dans la réponse au *JDD* il n'est pas dit que l'épouse avait participé à ces remboursements ce qui aurait été un argument un peu plus valable.

- Comment le Crédit Mutuel a-t-il pu prêter dans ces conditions ? Une banque, sauf à être solidaire des dettes de son client, ne peut prêter plus de 33 % des revenus réels de son client, soit ici aux environs de bien moins de 1 000 € par mois. Lors d'une proposition de prêt vous vous engagez sur l'honneur de la véracité de vos déclarations.
- Qu'il y a-t-il donc derrière ces deux faramineux emprunts ?

Pour l'emprunt auprès du Crédit Mutuel   il y a trois hypothèses :

- soit Macron a délibérément menti et profondément menti en montant son dossier, en faisant passer l'emprunt d'Hermand comme apport personnel (comme dit dans la réponse au *JDD*) et en trouvant des revenus magiques, il aurait donc fait une fausse déclaration sur l'honneur.

- soit le Crédit Mutuel, est complice de ce faux dossier avec cet extravagant remboursement des deux emprunts qui était bien supérieur, infiniment supérieur à sa capacité mensuelle de remboursement. Il faut interroger le Crédit Mutuel.

- soit Macron, bien que fonctionnaire avait d'autres sources de revenus pour un montant après impôts de plus de 16 000 € mensuels. Avait-t-il un tel patrimoine qui rapporterait 196 000 € après impôts (à 4 % cela représente 5 millions d'euros) sachant qu'il n'a pas été soumis à l'ISF et donc que ce patrimoine ne peut être immobilier. Il ne peut être non plus professionnel car il n'a jamais créé ni racheté d'entreprise.

Quelle que soit l'une des trois solutions, il y a là un très grave problème concernant Emmanuel Macron et ces emprunts pour 900 000 €. En supposant une volonté de spéculation avec un très haut risque pris par la banque, vu le prix estimé en 2014 de cet appartement par Macron lui-même, et compte tenus des frais d'acquisition, il aurait perdu sur son capital. Il faudrait alors rembourser les intérêts ayant entre temps payé tous les impôts (IR et locaux), les assurances des prêts pendant dix ans. Il l'a vendu 980 000 € en 2016 soit un plus value de 90 000 €, ce qui ne comble absolument aucun des déficits générés par ces deux emprunts, et loin de là. N'oublions pas qu'au départ nous nous posons en perspective, et que Macron n'est pas engagé encore par la banque Rothschild (plus d'un an après) et donc que tout calcul ne peut se faire qu'à partir des revenus de l'époque. Qui peut croire que tout ceci est possible, normal et ne nécessiterait pas des éclaircissements forts ? Très grave problème. Il faut qu'avant les élections présidentielles les électeurs aient un réponse aux questions que pose le mystère économique de cet emprunt, emprunt qui laisse dubitatif tout Français normal (illettré qui ne peut se payer un costard).

Dans ce fameux texte du lancement de sa campagne, que vous finirez par connaître par cœur, il faut regarder chaque expression avec un œil avisé. Par exemple, puisque nous parlions d'homme politique voici une phrase - elle est dans la conclusion - écrite au présent : *Mais c'est pour ces valeurs, et pour permettre à chacun de les faire vivre pour soi-même, que je m'engage en politique.*

Vous devez noter le présent : *je m'**engage** en politique.* Il s'agit d'un subtilité du français, mais le temps de conjugaison a son importance. Le présent veut ainsi faire croire que de passé, il n'y a pas. Il fait croire par ce temps de conjugaison que sa vie politique, son engament politique commence avec la création d'*En Marche !*. Que fait-il donc de son passage pendant 3 ans chez Jean-Pierre Chevènement, de ses trois de membre du PS, de son poste de secrétaire adjoint à l'Elysée et de sa fonction de ministre ? La question qui vient immédiatement après, est de se dire, qu'à lire cette phrase comment se fait que les militants de ce mouvement ne réagissent pas ? Cette phrase est incompatible avec les faits, avec l'éthique, avec le sens même de la politique quand elle se veut pure. Très souvent, les présentations d'Emmanuel Macron sont de ce genre, entre non dit, déviation du sens, laisser supposer etc. Il pouvait dire qu'il donnait une autre orientation à son engament politique. Mais là aussi il y aurait une tromperie car peu savent qu'il a voulu être candidat aux législatives en 2 007 en Picardie, rejeté par les militants. Ce qui prouve qu'il fait bien partie du système politique, dans toute son entité. Se présenter à une élection est une des finalités du système politique. Il a grenouillé dans tous les groupes qui permettent d'avoir des appuis : fondation Jaurès, les Gracques etc. C'est bien aussi par ses relations comme Jouyet qu'il a pu rencontrer en 2 006 un certain François Hollande qui lui a ensuite mis le pied à l'étrier au plus haut niveau. Sans l'ENA, le bénitiers des puissants, sans le PS, sans le Système, sans son passage dans une banque (créant le *Macron Rothschild* - à défaut de Müschenhausen -, bon mot qui n'est pas de moi), centre puissant du sytème, Macron ne serait pas aujourd'hui à la tête du mouvement *En Marche !*. Et ne serait pas candidat à l'élection présidentielle. Quelle que soit sa valeur personnelle, Macron est surtout et principalement le fruit du Système. Macron doit quasi tout au PS et à l'ENA. La suite, les suites ne sont que les conséquences des relations qu'il a pu se faire dans ces deux mondes.

Macron ne sort pas de nulle part en fait. Depuis 2 007 grâce à ses relations au PS et sa participation à la campagne électorale présidentielle, il a pu garnir son carnet d'adresses. Le Système Macaron se met en place. Avec son poste à l'Elysée et au ministère il va mettre le grand braquet, pouvant être plus ou moins proche de : Alexandre Bompard, le P-DG de Fnac-Darty , Xavier Niel fondateur de free (après avoir fait fortune dans le minitel rose) qui est avec Bergé (soutien de Macron, propriétaire de *Le Monde, Télérama, Courrier International, Le Monde Diplomatique* et du *Nouvel Observateur*), accessoirement très haut capitaliste de gauche condamné pour délit d'initié et le banquier Pigasse propriétaire du journal *Le Monde* - et, ce qui est à savoir, a été conseil pour la création de la fameuse tentative avortée de Macron d'être un *entrepreneur*, ce qui l'éloigne du véritable entrepreneur qui crée seul sa société (ce qu'il veut faire croire dans sa courte biographie sur son site), et non qui bénéficie de tous les cocooning et finances possibles afin de partir à l'aventure sans partir à l'aventure, bien protégé de toutes parts - Weinberg (Sanofi), Pringuet (Ricard), Wahl (La Poste), Hermelin (Cap Gemini), Georges Plassat (Carrefour) , Frédéric Mazzella (BlaBlaCar), ou Eric Carreel (Withings). Tous ces hommes influents il les reçoit à Bercy et lors de dîners.

Enfin il y a le milliardaire Henri Hermand, homme de gauche, présent dans de multiples réseaux tel Terra Nova, homme méconnu, influent, très influent. Le CV de Macron dit qu'il l'a rencontré quand il était en stage dans une sous-préfecture. Il serait très étonnant que ce soit la stricte vérité. Ils ont bien dû se croiser dans les couloirs du PS et de ses satellites. C'est aussi grâce à ce même Hermand, qui avait soutenu Hollande, donc qui avait un peu de poids, de Hermand, mais de Valls (qui doit s'en mordre les doigts) et de Jouyet, que Macron a obtenu son ministère de l'économie alors que Hollande ne voulait lui donner qu'un secrétariat d'état au budget (selon Hermand). Peu avant sa mort ce mécène et mentor de Macron l'a quelque peu étrillé dans une entrevue du *Figaro* du 18 septembre 2016 : « Il a fait apparaître Chevènement comme parrain alors qu'il était le pire ennemi de Rocard ! Emmanuel est trop jeune pour avoir connu ces périodes, il a besoin d'être recadré sur des connaissances historiques. » [et géographique car il a placé dans son livre Villeurbanne (plus de 145 000 habitants quand même, soit 10 000 de plus qu'Amiens, pas le coin perdu, avec Hernu comme maire autrefois), banlieue lyonnaise à côté de Lille] ajoutant que le fait d'apparaître plusieurs fois dans *Paris Match* était *médiocre*, tout comme il n'avait pas besoin de rencontrer Philippe de Villiers (soutien indéfectible de Poutine). Cette entrevue de Hermand a fait dire à ses amis socialistes : « Macron apparaît comme un homme sous influences multiples. Hermand l'infantilise, souligne **son absence de culture historique**, **sa dépendance financière et psychologique**. Bref, un stagiaire à l'Élysée ! Si Hermand balance, c'est qu'il a peut-être été délaissé... ». Le terme de dépendance financière est pour le moins dérangeant, et que cache-t-il ? quand à sa dépendance psychologique n'est pas rassurante pour qui veut diriger la France. Ces constats sont faits, non par un ressenti jaloux de ces socialistes, mais par son mentor, témoin de mariage, parrain politique puissant. Son manque de racine se sent dans ses discours et ses réponses. Ces critiques venant de son mentor, et financier (550 000 €) ne sont pas rassurants et devraient éviter aux thuriféraires de Macron d'en dire quels sont le fait d'opposants qui auraient peur de lui et le dénigrent gratuitement.

La Duplicité

Comme nous l'avons vu le couple Système/anti-Système est consubstantiel à la duplicité quand un homme politique est arrivé là où il en est par l'un se réclamant de son anti-thèse. Vous l'avez vu au chapitre précédent, la phrase au présent, phrase conclusive d'Emmanuel Macron sur son site veut nous présenter un homme descendu du ciel (sans doute celui qu'il regardait descendre lors de son meeting parisien) alors qu'il fréquente la politique et ses arcanes depuis son plus jeune âge. Cette duplicité est éclatante quand il veut faire croire - et il semble bien y arriver auprès de ses supporters (ce qui ne peut qu'être fort étonnant) - qu'*En Marche !* est un mouvement qui n'a rien à voir avec la politique traditionnelle. A l'opposé le *Mouvement Démocrate*, se considère au contraire comme la quintessence de l'action politique - en parler ici est juste pour rappeler le mot mouvement parallèle de marche. Bayrou se flatte d'en être jusqu'au cou dans la politique. Comment peut-on faire avaler - à ses ouailles un peu aveuglées pourquoi pas, mais cela prouverait qu'elles manquent quelque peu de clairvoyance et de jugeote - à une certaine presse à ses genoux qu'*En Marche !* ne serait pas un mouvement politique, un parti politique, quand il y a une direction, quand il y a une association de financement de parti, que cette association de financement de parti permet la réduction fiscale pour adhésion, qu'*En Marche !* veut présenter des candidats aux législatives : financement politique, candidatures aux législatives, structure organisée, qu'est-ce donc d'autre qu'un parti politique ? Lorsque l'on regarde aussi les dessous de sa candidature, celui qui est la génération spontanée de la politique, l'homme politique qui n'est pas un homme politique, lui qui s'est déclaré non socialiste, se disant pourtant fidèle et publiant son passage au PS et ne divulguant pas ce détail qui tue : la veille de l'annonce de sa candidature le 16 novembre 2016 il a envoyé le texto suivant à des très nombreux élus PS (et autres) dont certains ne partagent pas sa vision politicienne de la politique

Je souhaite personnellement partager avec toi ma décision d'être candidat à l'élection présidentielle.

Je place cette candidature sous le signe de l'espérance et de l'audace.

Je t'espère à nos côtés pour cette campagne.

Amitiés

Emmanuel Macron

Ainsi en est-il de l'homme qui rassemble hors parti qu'il a besoin des élus, par définition classiques de partis, pour l'aider (comme il utilisera les réseaux du PS). Le culot semble être l'une de ses qualités.

Parfois cette duplicité est d'une mesquinerie incroyable. Dans la fameuse affaire de l'une des unes qui ont été consacrées à Macron et sa femme, il s'est cru subtil tout en accusant sa femme d'être une novice dans la politique et de s'être laissée piéger par la presse (alors qu'elle le suit quand même depuis quelques années, que son niveau intellectuelle ne doit pas être si faible à ne pas remarquer quoi pourrait la piéger) avec des photos du couple en première page de Paris Match (il en fera quatre de *Unes*). Voici (tiens comme un journal people) en partie ce qu'en a dit Macron :

Ça n'est pas une stratégie de com'. Comme vous l'avez vu, je n'ai pas parlé à 'Paris Match'. Mon épouse, à laquelle je tiens beaucoup, a parlé à une journaliste de 'Paris Match'. Mon épouse, elle ne connaît pas le système médiatique, elle le regrette d'ailleurs profondément (...) C'est une bêtise, une bêtise qu'on a faite ensemble, non pas que je le regrette ou que ça ait beaucoup d'importance mais (...) c'est sans doute une maladresse, je l'assume pleinement et ce ne sera donc pas une stratégie qu'on reproduira.

Vous notez l'habilité (et l'élégance) de dire en quelque sorte que c'est la faute de sa femme car elle est un peu nunuche, mais (tatata) la bêtise a été commise **ensemble**. Tiens comment est-ce possible puisqu'il n'y est pour rien ? Une solidarité en papier mâché, oui. Ensuite c'est lui, l'homme de la famille, super héros, qui assume seul. Tout cela est d'une grande médiocrité. Et - de toutes façons on ne publie pas des photos sans l'accord de ceux qui sont concernés - Macron n'a pas découvert l'article le jour de la sortie de ce numéro de Paris Match. Avez-vous remarqué un petit mot de la fin du discours ? Au début il dit : « ça n'est pas un stratégie de com' » et il termine par ce mot qui a dû lui échapper : « *ce ne sera donc pas une **stratégie** qu'on reproduira;* » Fascinant non. Il ne reproduira pas cette **stratégie** !

On découvre qu'en plus d'être quelque peu orgueilleux et qu'il arrive à se mettre en extase, il est assez peu élégant. On le voit tout autant si peu délicat quand il parle d'**illettrés**. Alors à ceux qui disent qu'on a bien compris ce qu'il voulait dire, je leur répondrai, que c'est son caractère qui a parlé. Il y avait mille autres façons d'exprimer l'idée que le manque de formation ou l'illettrisme même était un fléau et un handicap, jeter ce mot à la figure de personnes qui en souffrent certainement est d'une grande brutalité et un manque absolu d'empathie. Pour se rattraper, il a eu cette indécence rare lors du meeting de Lyon de rentré hommage à son arrière grand-mère qui ne savait pas lire. C'est à gerber. Tout comme lorsqu'il dit que pour se payer un costard on n'a qu'à travailler ! Ce qui est d'une indécence folle car il y en a qui bossent comme des malades, par exemple des femmes seules qui ne s'en sortent pas avec trois enfants à charges, deux boulots et qui ne peuvent s'offrir des robes décentes ou de prix même si elles travaillent. C'est indécent quand on a gagné deux millions quatre cents mille euros car le monde capitaliste de la haute finance rémunère de façon tout à fait disproportionnée un travail qui effectué de la même façon par un service juridique d'une PME rapporterait environ 150 000 € pour les dix-huit mois passés à son responsable juridique. Et ne me dites pas que la banque a fait beaucoup plus, car là nous ne parlons que des honoraires touchés par Macron, non les honoraires et frais encaissés par la banque dont je n'ose imaginer le montant.

Ce mépris on le retrouve dans ses piques, par exemple contre Bayrou, qui l'a certes traité d'hologramme (qui n'est pas vraiment insultant, et qui veut dire qu'il manque d'épaisseur politique, ce qui est un constat), et qu'il réplique du haut de son incapacité à être investi par les militants : *C'est le clapotis de la décadence.* C'est un bon mot. Il fait rire. Mais il est suprêmement méprisant et hors de propos. Clapotis et décadence. En quoi Bayrou serait la décadence ? Et le clapotis ? Quelle est sa réussite, lui non choisi par les militants du PS en 2 007, qui lui permettrait de juger de la décadence des autres ? Quel est son bilan comme directeur adjoint de l'Elysée et comme ministre de l'économie ? Bayrou qui est régulièrement parmi les personnalités préférées des Français. Macron veut faire de la politique autrement, est-ce en insultant les autres qu'on la fait autrement ? Est-ce ainsi qu'il est pour l'ouverture telle qu'il la réclame ? Et ainsi, en février 2017, a-t-il demandé à Bayrou de le rejoindre. Il voudrait donc qu'un clapotis de la décadence le soutienne ? Mais cet hypocrite, selon le *JDD*, voyage en seconde, coupe ses deux iPhone,t ne mange pas pour discuter avec les journalistes et déclare qu'il se refuse à faire siffler les hommes politiques lors de ses meetings. Il préfère les insulter, donc, seul, pour un bon mot, par arrogance. Quant à voyager en seconde pour qui se flatte que c'est normal de gagner 2,4 millions d'euros, qui paye l'ISF qui possède un appartement à Paris et une maison au Touquet, cela ferait rire si ce n'est à pleurer tellement c'est hypocrite et publicitaire.

Comme nous l'avons vu précédemment, Macron aime jouer avec le français. Il met au présent dans sa déclaration du site *En Marche !*, qu'il entre, nouveau-né, en politique. Ce qui est un mensonge et une manière de faire croire qu'il est neuf (et pourtant habile comme un politicard de longue expérience) et différent. On retrouve cette façon de faire malsaine, qui paraîtra anodine à certains, qui, pourtant dans le fond, symbolise cette duplicité. Voici une phrase à méditer : « Nos enfants et beaux-enfants, et nos sept petits-enfants. ». Le **nos** est très important et symptomatique de tout la candidature de Macron. En gros cette phase tend à nous faire croire que Macron est père et même grand-père (ce terme qu'il emploie dans la presse). Ce qui évidemment n'est pas le cas.

Alors que j'ai posé la question aux militants de son site à ce propos. Voici la réponse du 17 janvier 2017 :
Tout d'abord, toutes nos excuses pour ce retard - nous recevons de nombreux messages et avons à coeur de répondre personnellement à chacun.
Je peux répondre à votre première question, puisque Emmanuel Macron s'est déjà exprimé à ce sujet: il n'a lui-même pas eu d'enfants mais considère ceux de sa femme comme les siens et ses petits-enfants comme les siens.

A ceux qui diront, oui, mais en fait il veut dire que les enfants, beaux-enfants et petits enfants de sa femme sont comme les siens (réponse faite par le site d'*En Marche !*). Il est vrai que, si dans un cadre intime, Macron peut dire que les enfants de son épouse sont comme les siens - ce qui peut aussi poser un problème si ceux-ci ne sont pas détachés de leur père naturel et qu'ils l'aiment et n'aient pas envie que Macron prenne sa place (je n'en sais rien mais c'est une éventualité), non seulement cela impose sur la place publique que Macron annihile l'existence du père réel de ces enfants, beaux enfants et petits enfants - mais cela est un mensonge. Si Macron voulait faire savoir qu'il était très proche des enfants de sa femme - n'oublions pas qu'il s'agit d'un texte public extrêmement important, un texte fondateur en ce qui concerne qui il est - il aurait dû écrire quelque chose comme : « *Enfin, il y a ma famille. Mon socle, mon refuge. Les enfants et beaux-enfants, et sept petits-enfants de mon épouse qui sont comme les miens.* » Ceci aurait tout à la fois préservé la nature paternelle du vrai père, la réalité biologique et juridique, et tout à la fois montré son profond attachement à sa famille recomposée. Ceci n'est absolument pas anodin. Macron sait qu'ainsi il trompe son monde. Il s'invente une paternité et une descendance inexistante. Peut-être pense-t-il qu'un homme politique sans enfants n'a pas de destin et il fait comme s'il en avait. Je crois que cela ne sera pas pris à sa valeur réelle, que cela glissera comme de l'huile sur une toile cirée, et que nombreux ne verront dans cette critique que de l'ergotage insignifiant. Ils auront tort. Il faut s'étendre un peu. Il faut penser au père réel, publiquement dépouillé de sa paternité. Il faut aussi penser à ce que cela implique car génétiquement, juridiquement ils ne peuvent être ses enfants ni ses petits enfants. Philosophiquement non plus. Il y a un élément majeur à prendre en compte : l'âge des enfants de son épouse. L'écart entre son épouse et lui est de 24 ans. Les trois enfants de son épouse, d'après les journaux, sont ingénieur, cardiologue et avocate. De tout cela on peut déterminer que ces enfants ont pour la plus jeune - qui s'est engagée à ses côtés - une différence maximale de 7 ou 8 ans avec lui. Ne prenez pas cela à la légère car cela veut dire que biologiquement et psychologiquement il est impossible d'imaginer même appeler des personnes qui sont du quasi même âge que soi ses enfants. Il se peut même que l'un soit plus âgé que lui. Il y a aussi ce que l'on pourrait appeler la filiation par l'éducation. Les parents sont les éducateurs de leurs enfants. En plus de la génétique, de la biologie, de la psychologie, de la légalité, les enfants sont aussi les enfants parce que leur parents les élèvent. Cette partie du rapport parent/enfant est aussi constitutif de ce lien de filiation Comment, ce lien-là pourrait-il exister entre Macron et les enfants de son épouse alors qu'il n'a pas pu participer une seconde à leur éducation ? Il n'a pas pu ni physiquement (il a épousé sa femme en 2007 et avait 29 ans, sa femme, 53 et les enfants de sa femme déjà élevés), ni « familialement » ? Tous les aspects : juridique, biologique, éducatif, psychologique, génétique, crient d'une même voix ce que cela d'absurde, de dérangeant, d'injuste, de faux que Macron ose écrire « **nos** enfants » s'appropriant un état de paternité impossible et dépouillant publiquement le vrai père de toutes ses prérogatives, et mettant les enfants de ce dernier dans une situation épouvantable. C'est inimaginable. Cela dénote un comportement psychologique pour le moins étrange. Cette façon de faire est un élément constitutif de cette caricature de candidature.

Puisque nous sommes dans le registre du privé qui déborde, de par la volonté même de Macron puisqu'il l'étale de façon savante, vous avez remarqué que l'on ne donne pas l'âge de son épouse. On donne juste un écart : 24 ans. Cela les regarde, cet écart. Cependant il est étrange que l'on ne cite que cet écart, comme une pudeur. L'écart, on finit par ne pas savoir ce que cela veut dire d'autant que l'épouse de Macron fait jeune. Donc si on écrivait qu'elle avait 63 ans, sans pudeur de jeune fille, cela aurait un impact sur la vision de ce couple. Certes il y aurait de la malveillance dans ce regard, ce qui est aussi malveillant c'est de camoufler cet âge. On ne peut pas d'un côté raconter un conte de fée tel que vécu par son épouse et publié comme tel, c'est-à-dire en jouer publiquement pour faire rêver, et masquer ce qui est une réalité. Dans cette belle histoire contée à l'envi, on nous apprend que la future madame Macron a rencontré son prince charmant parce qu'on lui aurait dit : *il faut que tu le vois il sait tout sur tout.* Par la voix de sa femme, on apprend donc que c'est un génie. Sauf qu'il a raté par deux fois le concours de l'Ecole Normale Supérieure, ce qui arrive à beaucoup, et qu'on ne rate pas quand on sait tout sur tout - et dont, comme beaucoup d'autres choses, il ne se vante pas. En mai 2016, Jacques Attali, lui reconnaissant un talent fou, à répondu à cette question : **De quoi Emmanuel Macron est-il le nom ?**

Du vide. Du vide de la politique française. Il n'incarne que le vide, que cette gauche qui veut à la fois être au pouvoir et ne pas y être parce qu'elle déteste la gauche de gouvernement.

Entre les deux il y a un monde. On peut tenir pour certain que Macron ne sait pas tout sur tout, quant au vide, Attali nous en donne l'explication : le vide politique. C'est-à-dire une impossibilité à donner de la profondeur, des racines à son positionnement politique. L'intérêt personnel prime. Le positionnement n'est plus qu'une conséquence d'une réponse aux desiderata de la population et non une offre personnelle.

Pour terminer avec un autre exemple typique de cette manière de tricher en flirtant avec les limites c'est cette phrase : « c'est la raison pour laquelle j'avais commencé à monter ma propre entreprise avant de devenir ministre ». Il y a deux points importants. Le premier est de savoir vers quoi il s'orientait, en fait vers une société de conseil financier ou un fonds de placement. Tout dans la finance, tout en rapport avec son ancien métier de banquier et rien en rapport avec le socialisme d'où il vient. Un pacte avec l'ennemi. Quand bien même ces deux voies s'habillaient de l'honorable cause de l'éducation. Pour cette création, il avait pour conseil Xavier Niel. Plus facile de lancer une entreprise avec un tel parrain, non ? Le second est que d'écrire **avoir commencé** à monter sa propre entreprise n'a qu'un sens publicitaire : prouver qu'il est aussi un entrepreneur. Cependant cela prouve au contraire un échec, une inconstance puisque non seulement il n'est pas allé au bout mais en plus, il a très vite replongé dans la politique dès qu'on lui a offert un poste de ministre ce qui prouve où penchaient ses réelles velléités. Vous remarquerez de plus, puisqu'il a claironné qu'il avait démissionné de la fonction publique en octobre 2016, c'est qu'il ne l'avait pas fait à l'époque. Cette phrase est une arnaque intellectuelle pour faire croire à Macron l'entrepreneur. Un véritable entrepreneur ne garde pas le parachute de la fonction publique, il va au bout. Il faut aussi se poser la question de savoir ce que sont devenus les postes d'enseignement qu'il a pris en quittant sa fonction à l'Elysée et les abandonnant lorsqu'il est devenu ministre, ce qui prouve le mépris qu'il avait pour ces emplois pour lesquels il a postulé et a reçu des soutiens politiques. Combien doivent se battre, avec d'autres qualités que les siennes, pour avoir de tels emplois ? A eux on ferme les portes et à Macron on les lui ouvre pour qu'il abandonne ces emplois aussitôt pris. Ceci aussi est assez honteux.

Dans sa quête à l'Elysée, il veut faire croire beaucoup de choses. On sait que cela fut très flou avec le nombre de militants réels, que ceux-ci ne payent rien. On retrouve la même technique pour en mettre plein la vue avec du vide. Il devait y avoir cent mille questionnaires remplis afin de déterminer les sujets importants. La réalité est qu'ils peinent à en trouver 25 000 et c'est un algorithme qui détermine les mots importants. Dans la presse est apparu le nombre d'un **million** de mots ! Vous vous rendez bien compte de la tartufferie de ce million de mots. Il doit y avoir cinq sujets primordiaux qui intéressent les Français, plus ou moins. Allez considérons une vingtaine. Combien de mots signifiants pour cette vingtaine de sujets ? Cinquante ? Cent ? Alors venir tenter de nous éblouir avec un million est si ridicule que cela en devient stupéfiant.

A ce jour où est écrit ce livre, les propositions concrètes ne sont pas légion et quand j'ai interrogé *En Marche !* voici la réponse : *Nous comprenons tout à fait que vous souhaitez avoir plus de détails concernant cette mesure. Toutefois, comme vous le savez surement, le plan de transformation d'Emmanuel MACRON ne sera totalement dévoilé que fin Février. Ainsi, il aura l'occasion d'y revenir officiellement, dans ses discours, durant les prochaines semaines.*

La mesure en question est cette fameuse réduction des charges salariales. Telle que je l'avais comprise, je pensais benoîtement qu'il s'agissait de la totalité des charges salariales. La vérité est plus brutale et beaucoup moins belle : *Pour le faire il propose de supprimer purement et simplement les cotisations maladie et chômage qui sont prélevées sur le salaire brut de chaque salarié, respectivement à hauteur de 0.75% et 2.4%.*

Donc le gain est de 3,15 points (et non % pour un économiste on repassera) mais pour ceux qui paye la CSG c'est en plus 1,7 point Un gain donc 1,45 points. La belle affaire quand on avait cru à infiniment plus. C'est un bel effet d'annonce. Il y a cependant trois problèmes :
1- comment être certain d'un équilibre juste quand les bases de cotisations sont extrêmement fluctuantes ? Qui pourra dire que le surplus de CSG compense tout, ou plus ou moins ? Quels ont été les calculs pour arriver à ce taux supplémentaire de CSG ?

2- du point de vue économique c'est une superbe tarte à la crème puisqu'il est prévu un équilibre parfait entre ce qui est donné et ce qui est pris, c'est une opération à résultat nul. Le surcroît de consommation par ceux qui vont dépenser un peu plus sera annihilé par la sous-consommation de ceux qui dépenseront moins. Ce constat aveuglant est atterrant sachant que certains trouvent cette proposition intéressante alors qu'elle est trompeuse et archi nulle.

3- Macron ne peut l'ignorer - car il était au gouvernement - que le Conseil Constitutionnel a déjà rétorqué une proposition identique. On ne peut, constitutionnellement, transvaser des ressources de la CSG au volet social (retraite et chômage). Il propose donc une solution anticonstitutionnelle, solution déjà refusée. Tout ceci est incroyable.

Dans l'affaire qui secoue la candidature de Fillon (Penelope qui tapissait en attendant le retour au sommet de son Ulysse, *Revue des deux mondes*, sénat etc.), Macron y voit une telle opportunité qu'il a modifié son agenda (janvier 2017) afin de pousser ses équipes à lui faire des propositions avant fin janvier pour les présenter fin février. Il y aurait 400 experts. *Le Monde* du 29 janvier 2016 :

Au total, quelque 400 experts phosphorent sur ce programme, selon M. Pisani-Ferry. « Nous sommes regroupés en huit pôles, eux-mêmes divisés en une trentaine de sous-pôles », explique l'un d'entre eux. Chacun de ces groupes a été chargé d'élaborer une dizaine de mesures, qui doivent être chiffrées mais également accompagnées d'un argumentaire politique. « Il y aura environ 300 mesures présentées, à charge pour Emmanuel Macron de décider lesquelles il veut conserver ou amender », *explique cet expert. L'agenda du candidat a été volontairement allégé la semaine prochaine pour lui permettre d'effectuer ce travail.*

Qui les payent ? travaillent-ils depuis longtemps ? Combien d'heures par jour, de jours par semaine et de semaines par mois ? Cela sera-t-il comptabilisé dans ses frais de campagne ? Un simple calcul, 400 experts pendant un mois cela représente quelle somme ? Si nous prenons 7 000 € charges sociales et congés payés compris cela nous donne 2,8 millions d'euros pour un mois ! Ou alors travaillent-ils gracieusement ? Serait-ce juste quand Macron crie sur tous les toits que, lui, il les a mérités ses deux millions quatre cents mille euros ? Ne serait-ce pas profiter, en somme un peu comme le travail des enfants dans les pays pauvres ? A quoi serviront les ministres si tout est déjà écrit ? A partir de quels documents travaillent-ils ? On a l'impression de se retrouver avec les mêmes démarches que Mitterrand ou Hollande, une myriade de propositions (300), une sorte de liste de courses avec des grands thèmes (ça c'est pour la communication, qui est à deux niveaux : le nombre pour montrer combien il a bien bossé le gars, et des grands thèmes accrocheurs déterminés comme on lance un produit en fonction des désirs de la population. Derrière ? Le vide dont parlait Attali à propos de Macron. Le vide, non celui des propositions, celui de sa fidélité profonde à un engagement lointain et cohérent avec une idée de la politique, avec une idée de la gouvernance, et non cohérent avec une technique marketing). Il dit qu'il va piocher dans les propositions faites. C'est une inversion absolue du rôle d'un futur Président. C'est comme s'il faisait ses courses dans un supermarché pour préparer les repas d'un internat. Il va choisir le meilleur rapport qualité prix pour obtenir les vivats de ses pensionnaires. Ce n'est pas lui qui va proposer et, quitte à se faire rejeter, imposer le menu, non il va le faire en fonction du niveau de l'applaudimètre. Cette démarche ne donne aucun confiance en celui qui espère diriger la France. On ne gouverne pas la France comme on dirige une banque d'affaires.

Macron n'a aucun intérêt à faire ses propositions trop tôt. Plus il tarde tout en montrant combien il est assidu à mettre sur papier ses idées , car les dévoiler au-delà des généralités c'est prêter le flanc aux critiques, dont certaines pourraient être assassines, mieux c'est pour lui. Il vaut bien mieux qu'il surfe sur la vague de sympathie qui l'entoure afin d'arriver à un socle électoral suffisamment solide pour que la démolition de ses propositions ne lui soit pas néfaste. Ou au contraire comme use et abuse les Le Pen et le FN pour passer pour le martyr anti-système contre lequel ce fameux système se déchaîne. On connaît tous par cœur ces arguments très efficaces bien que de la plus haute fausseté dans le fond. Toute cette démarche démontre que Macron n'est pas dans la peau d'un futur président, mais dans celle d'un super chef de marketing vice-président d'une multinationale. Le problème dans tout cela qu'il ne faut pas oublier c'est que Macron a été trois ans adhérent du Parti Socialiste, qu'il a fait partie des groupes de réflexion proche du Parti Socialiste, qu'il s'est servi de tous les réseaux socialistes qu'il a pu utilisés somme les Grecques ou les

Strauss-khaniens, qu'il été secrétaire général adjoint de l'Elysée venu au pouvoir dans la besace d'un candidat membre et dirigeant du Parti Socialiste, issu lui des Primaires de ce même parti. On peut avoir comme idéologie politique le pragmatisme, mais pour cela il ne faut pas avoir une hérédité collée à soi par son histoire mêlée intimement à celle d'un parti très lourdement idéologue. Lorsque l'on parle de valeur et de fidélité, on ne peut pas traiter à la légère une adhésion à un tel parti, ni oublier le fait d'y avoir été trois ans, ni oublier d'avoir voulu être candidat aux législatives de 2 007 au nom de ce même parti.

Comme les reproches de l'absence de proposition finissent par porter, l'équipe de Macron dévoilent des propositions, comme en économie. En fait ce ne sont qu'un reprise de ce qui a déjà été dit. Cependant lors de la présentation de celles-ci , Jean Pisani-Ferry reçoit une soixantaine de journalistes 10 février. Dans son équipe, aucune femme à part Laurence Haïm, qui est porte parole (pour ce poste-là, souvent des femmes, sans doute une option marketing pour ce parti). Donc quasi que des hommes (du reste au 30 janvier il n'y avait que 15 % de femmes candidates pour les législatives pour *En Marche !*). La politique comme avant. Des experts qui sont à la bourre. Ceci démontre tout simplement que Macron n'est pas prêt du tout. C'est très inquiétant pour une toute autre raison, on ne peut analyser et proposer ce qui doit permettre à la France de se redresser, de s'apaiser, dans un temps si limité. Enfin Macron navigue en permanence entre deux pôles irréconciliables : 1- il ne veut proposer qu'un pacte, vague, à la Nation (en gros faites confiance à mon jeunisme et mon sourire) et 2- un catalogue de propositions, mal chiffrés, contradictoires et pour certaines irréalistes comme ile transfert de charge sur la CSG (anticonstitutionnel) et le mandat impératif des députés (interdit).

Du reste, un article du *Monde* se référant à sa prestation début février à TF1 démontre la vacuité des idées de Macron, une sorte de royaume de la banalité, ni droite, ni gauche, de droite et de gauche, venant de nulle part et allant on ne sait où, si ce n'est vouloir faire plaisir à tout le monde. Comme nous parlions plus haut de Fillon, il est intéressant de regarder comment il cherche à tirer la couverture à lui tout en ayant dit qu'il ne s'exprimerait pas sur l'affaire (ah la duplicité quand elle est chevillée au corps, il est difficile de s'en débarrasser) lors de ce même journal de TF1. Voici ce qu'il dit :

> *« J'ajoute à cela – parce qu'il faut qu'on soit précis jusqu'au bout, et c'est très important pour nos amis téléspectateurs – que pour ma part, **je n'ai jamais eu dans mon cabinet un collaborateur s'occupant de ma circonscription**. Ce qui est à peu près le cas de toute la classe politique depuis des décennies. »*

Il ne parle pas de l'affaire Penelope mais s'en réfère en sous-main. Il y a cependant, comme souvent avec lui, un problème de fond. Quel ? Tout simplement c'est qu'il n'a jamais été élu, et donc, par définition **il n'y a pas de circonscription Macron** ? Non. Aucune. Donc pas de possibilité de collaborateur qui s'occuperait de celle-ci.

Quand les journalistes s'en sont inquiétés auprès de l'équipe du candidat, il leur a été répondu que c'était un malentendu, qu'il s'était mal exprimé. Il n'y a que deux solutions (quelle est la pire ?) :

- soit il a menti, voulant ainsi se montrer au-dessus de tout soupçon, et savait que ce mensonge ne serait pas révélé, ou passerait comme une lettre à la poste, ou que le bénéfice tiré de sa déclaration serait toujours supérieur au démenti qui ne ferait aucun de bruit. En gros une escroquerie intellectuelle.

- soit il dit n'importe quoi du moment que cela lui est utile et donc se moque de la portée de la vérité, de l'exactitude, et de la connaissance des faits politiques, de l'organisation de la République et ne peut dans ce cas gouverner avec lucidité et vision un pays. Il serait extravagant qu'un leader politique ignorant le sens du mot circonscription ou l'employant à mauvais escient, puisse avoir une si grande responsabilité en France. C'est tout simplement inimaginable.

Je penche plutôt pour le mensonge volontaire, mais à vous de savoir ce qui serait pis.

Les questions qui fâchent

Si la duplicité est le liant entre le système et l'anti-système, certains aspects du comportement de Macron qui ne peuvent que nous interroger sur ce que cela sous-tend. Nous ne sommes plus, là, dans l'utilisation trompeur du langage (nos enfants, je m'engage (au présent), je ne suis pas socialiste (alors qu'il a adhéré au PS trois ans, il faudrait qu'il dise qu'il n'est plus socialiste ce qui est contradictoire avec la notion de fidélité s'il ne l'est plus)) mais dans l'espèce de no man's land, que fréquentent beaucoup d'hommes politiques, qui sépare le légal de l'illégal, de l'éthique et de l'immoral.

Que sépare un voleur qui assume son vol et un autre qui prône publiquement l'honnêteté ? les deux volent et doivent être condamnés pour cela. Le second, lui, doit être soumis à des circonstances aggravantes pour sa duplicité, pour le mal qu'il fait en plus aux personnes honnêtes dont on mettra en doute leur parole à cause de ce menteur. On se doit de juger un acte pour lui-même, mais également pour les circonstances qui l'entourent, le contexte. Afin, donc, de juger de certains des comportements de Macron, on va regarder de plus près ce qu'il dit de lui-même :
- il a passé les concours **républicains** (comme il le dit), donc pour servir l'Etat, et accessoirement son pays
- il a fait l'ENA symbole du service à l'Etat

La date de création du parti politique (terme le plus approprié) *En Marche !* est le 6 avril 2 016. Macron a été ministre du 26 août 2 014 au 30 août 2 016. Ce mouvement a donc été créé alors que Macron était ministre. Il est évidement pour tout Républicain qui se respecte, et encore plus dans une période très difficile pour l'emploi et l'économie français, un ministre se doit à sa tâche 24 heures sur 24 et 7 jours sur 7. Vous comprenez bien qu'il s'agit là d'une image. Ceci veut dire en fait que lorsqu'on est ministre on n'a tout simplement pas le temps de fonder un parti politique. Pas le temps mais en plus, éthiquement parlant, pas le droit. Et encore moins le droit quand ce parti se situe dans l'opposition. Imaginez un peu, la République, donc nous, paye un ministre, un ministre issu d'un gouvernement, accédant à ce poste par un Président élu sur un programme avec une orientation politique marquée (en l'occurrence le socialisme). Si on peut accepter que les finances de la France paye un ministre d'un bord politique particulier car les élections ont placé à la tête du pays un membre de cette mouvance, on ne peut absolument pas accepter que ces finances payent un ministre qui monte un parti contre le gouvernement. Ce qui est encore plus grave c'est que Macron., par exemple, le 11 avril 2 016, profite d'un voyage gouvernemental à Londres pour participer à une manifestation en vue de financer son parti. C'est tout simplement incroyable et inacceptable. C'est tout simplement ahurissant et aurait dû occasionner son renvoi du gouvernement. Si Hollande l'avait fait il n'y aurait plus de Macron aujourd'hui, en tout cas bien plus en difficulté. C'est non seulement un mélange des genres, un conflit majeur d'intérêts, mais en plus, en pleine période de Brexit, aller se faire financer en Angleterre un pays en partie anti-européen, par des personnes dont certaines ont fui notre pays pour des raisons mercantiles et ou fiscale, se refusant à la solidarité d'un pays qui pourtant leur a porté l'éducation quasi gratuite , est de l'ordre de l'amoralité. Au niveau du sens de la démocratie, il y a un point que je n'ai vu soulevé nulle part. Quand Macron a-t-il été élu président de ce parti ? par quel collège ? Quand ce parti a-t-il voté pour désigner un candidat ? Ceci ressemble tout simplement à un parti d'autocrate. A méditer.

Il faut parler du lancement de son parti lors d'un meeting à Amiens. Un clip a été diffusé. La première question est de savoir qui a pu financer ce clip vidéo, le parti n'ayant pas encore d'adhérents. Ce clip a été analysé avec soin par les équipes du *Petit Journal* de Canal +. La vidéo est là : http://www.dailymotion.com/video/x42t3u0 On y découvre avec stupéfaction que la majorité des personnages, sensés représenter la diversité des Français, sont des étrangers. Cela va beaucoup plus loin. Une séquence montre un couloir d'école. Contre le mur une plaque avec un texte. Les images ont été trafiquées (il s'agit d'un texte en américain) pour le remplacer par un titre en français. L'école est américaine. Réfléchissez-y quelques instants. Pensez à tous les aspects de ce clip : la tromperie manifeste, la tricherie, le symbole de l'école - Macron qui se réclame de cette notion de République dans son discours introductif de son site - quand deux systèmes sont si différents entre le français et l'américain, l'impossibilité pour ce même Macron à trouver de Français sur notre sol. Ce clip est un symbole de ce qu'est Macron : une illusion et un mensonge. Le clip est le stéréotype d'un clip pour parfum, qui par définition est impossible à appréhender par l'image, juste un transfert entre une illusion et un produit. Il y a même le vol d'un passage d'un clip de Sanders, candidat aux primaires américaines du Parti Démocrate. Il s'agit d'un vol d'une séquence, non des images, mais de la scène copiée à l'identique. Macron n'utilise pas le marketing, il en est l'essence, le gène. Ce clip est sous l'entière responsabilité de Macron, y compris ses mensonges et tromperies.

Le fait que ce parti ait été créé en avril 2016, que Macron n'est démissionné que fin août 2016, le fait qu'il ait lancé sa candidature en novembre 2016 prouvent un cheminement de longue date vers cette candidature. Ceci laisse penser que toutes ses positions d'opposition à Hollande, opposition frontale, et encore plus avec Valls, entraient dans un plan de placement politique pour favoriser sa candidature et prouve sa duplicité totale. Duplicité car c'était une posture à but électoral, duplicité car il aurait dû au respect de l'éthique démissionner en juin 2015. On ne peut accepter l'argument de Macron sur sa fidélité. De deux choses l'une

- soit il est fidèle à ses idées et là soit il reste socialiste et il ment quand il dit qu'il n'est pas socialiste, soit il a changé d'avis avant d'entrer au pouvoir et il s'est vendu à ce pouvoir, et de ce fait il ne peut rester deux ans secrétaire adjoint de l'Elysée soit parce qu'il est insupportable d'être tiraillé entre deux options opposées soit parce qu'il voulait faire bouger les choses et qu'elles ne pouvaient bouger et il ne faut pas deux ans pour s'en rendre compte, de même s'il ne pouvait rien faire en tant que ministre (ce qu'il devait

savoir à avance ayant été deux ans si proche du pouvoir, dans le pouvoir même), il ne lui fallait pas attendre deux ans avant de démissionner,
- soit il était fidèle à Hollande et il a trahi Hollande.

On ne peut sortir des alternatives, la première entre une fidélité à ses idées (trahie) ou une fidélité à Hollande (trahie), la seconde soit il est honnête intellectuellement et se rend compte qu'il ne peut agir ni en tant que secrétaire, ni en tant que ministre et il ne reste jamais deux ans dans chacun des postes soit il y reste par calcul et intérêt et son intégrité intellectuelle et morale est mise à mal. Il est resté au pouvoir non par courage ou pour l'intérêt de la France, mais parce qu'au pouvoir cela lui donnait visibilité, contacts importants, publicité gratuite. Macron s'est servi de son poste pendant plus d'un an à son profit électoral. Ce n'est pas très beau.

Le temps que Macron a passé à organiser la création de son parti a été volé à la République. Ce temps volé l'a été encore quand il a fait de nombreux meetings encore ministre. Un épisode est symptomatique : Macron devait aller en Inde, il a annulé son voyage pour un meeting à son profit. Et il va nous parler de son sens du service républicain ? Du reste une nouvelle polémique est née à la sortie d'un livre sur Bercy, on nous apprend que Macron, lors de ses 8 derniers mois passés dans son ministère, il a dépensé 120 000 € sur les 150 que compte la ligne budgétaire pour frais de représentation. Soit 80 % pour 2/3 du temps. Il semblerait que ce soit uniquement pour lui 80 % de cette enveloppe pour **son ministère et deux secrétariats**

d'état. Pour une seule personne cela fait 15 000 € par mois. La juste transparence est de savoir à quoi ont servi ces 120 000 €, ce qui n'est pas une paille. Alors Macron se défend qu'un seul cent soit allé à *En Marche !* Il est prêt à poursuivre en diffamation qui que ce soit qui l'en accuserait. Or ce n'est évidemment pas de l'argent donné à son parti politique. Comme nous l'avons vu, il a profité d'un voyage à Londres pour récolter des fonds pour son avenir personnel politique (affirmation de *Paris Match*, démentie par l'intéressée mais aucune poursuite pour diffamation, or l'accusation est grave). Il était ministre. Il réplique que c'est tout à fait normal de dépenser tant quand on fait le job, en somme. Cependant on ne peut accepter cette seule explication. Tout d'abord parce que d'après certains de Bercy, il n'en faisait plus lourd depuis la loi *Macron II*. En résumé, il semblerait qu'il travaillait plus pour lui que pour son ministère et la France. Ensuite la somme qu'il a dépensée était pour l'ensemble du ministère et des deux secrétariats d'Etat comme dit plus haut. En dépensant tout pour lui, il volait en quelque sorte les deux secrétariats d'état, aussi grave, il empêchait ces secrétariats de travailler dans des conditions normales. Ce budget était calculé et voté pour les trois entités et non la seule sienne. Il faudrait savoir si légalement c'était possible, en étant sûr qu'économiquement, politiquement, moralement et éthiquement cette façon de faire est en totalité répréhensible et condamnable. Si Macron a travaillé et utilisé cette somme pour le bien du ministère de la République et de la France, qu'il nous démontre l'efficacité de l'utilisation de ces 120 000 € (lui qui vient d'une banque d'affaires et qui parle de l'efficacité des entreprises) , qu'il nous démontre la rentabilité de cette dépense. On a pour cela deux critères :

1- les résultats économiques de notre pays : en fin d'année on s'est rendu compte que la croissance était très faible, bien plus que prévue, et donc que ses prévisions à lui, ce qui est un échec

2- sa production entre janvier et août 2016 en matière de loi et de décrets. Il me semble que de ce côté là c'est le néant.

Les journalistes ont le devoir pendant la campagne outre de rechercher ce qu'il a fait pendant ces huit mois (et de regarder tous les meetings auxquels il a assisté en tant que leader de parti) et de lui demander qu'il prouve par des faits concrets son activité de ministre qui a coûté en frais de représentation 120 000 €. Pas de vagues phrases : je travaille à donf ! Des preuves et pas de liste, les réunions, les personnes rencontrées ou les lieux visités. Non les lois, les décrets, les interventions à l'Assemblée Nationale. Comparer aussi tout ceci avec tous les discours et toutes les parties de discours hors son champ de compétence ministérielle. On a là une base objective. Si 90 % de ses discours, actes, déplacements, rencontres sont à 100 % de cette compétence et si en même temps tout le reste n'est que le samedi, le dimanche ou le soir après 20 h 30 tant pour les réunions et les rencontres elles-mêmes que pour leur préparation (et à considérer qu'un ministre ne se doit pas à 100 % à son métier de ministre - il a bien évidemment droit à sa vie privée, mais là on parle d'une activité politique majeure contre le gouvernement et pour sa future campagne présidentielle -) en n'oubliant pas qu'il a dépensé 120 000 €

de frais de représentation ce qui implique qu'il été lourdement chargé pour les dépenser donc en repas - à ce propos comme à son habitude, dans sa défense il a jeté volontairement la confusion en faisant croire que dans ces 120 000 € il y avait le coût des voyages ce qui est faux car c'est un autre budget, cela donne aussi un autre éclairage de ces dépenses car cela représente quelques plus de 700 € de frais de bouche par jour (5 jours par semaine pendant 8 mois sinon 500 pour chaque jour de la semaine que le Bon Dieu fait comme dirait Fillon) ce qui est hallucinant et montant hors norme semble peu intéresser les journalistes alors que Chirac a été condamné pour des frais de bouches aussi exorbitants - s'il a donc été si lourdement chargé pour son travail de ministre, et ce en plus, pendant les déjeuners et dîners, car à 500 € par jour soit il faut beaucoup de convives, soit de restaurants aux prix stratosphériques, il ne pouvait lui rester que très très peu de temps pour *En Marche !*. Ou alors ces réunions, déjeuners, dîners, ont servi à *En Marche !*.

Avant, plus haut, nous avons parlé des hommes puissants qui soutenaient Macron. Il les recevait à Bercy pour des dîners. La revue *Capital* nous le confirme, et ce dès 2 015. Nombre de ces patrons ensuite s'engagent derrière lui et le soutiennent. Lors de la fameuse affaires des 120 000 € de frais de bouche il faut la rapprocher de ces dîners à Bercy. Il y a deux questions :
- Etaient-ce des dîners privés ?
- Etaient-ce de dîners ministériels ?
　　Dans le premier cas il y a à nouveau deux questions :

- utilisait-il la salle de réception de Bercy ? Si c'est oui, il s'agit d'abus de biens publics.
- payait-il de sa poche ces dîners ou était-ce sur l'enveloppe des frais de bouche ? Si c'est la seconde hypothèse alors il y a détournement de fonds publics et abus de biens.

Dans le second cas il y a une question qui est la pertinence de ces dîners. D'abord quelle a été l'efficacité de ces dîners pour la réussite de Macron a sein de ce ministère ? Ce ne sont pas les derniers chiffres qui semblent le prouver : chômage en hausse, détérioration de la balance du commerce extérieur. Ensuite, si on rapproche cette affaire de ces dîners avec soit celle des sondages, soit surtout celle des meetings de la campagne de Sarkozy quand il était président, on peut dire qu'il est possible de distinguer ce qui est de son ministère et ce qui va entrer dans sa stratégie de campagne présidentielle comme l'a fait la commission de contrôle. Pour cela il suffit de regarder le pourcentage des personnes rencontrées, et qui ont assisté à ces dîners, qui ont fini par soutenir Macron. On ne pourra jamais en faire une répartition exacte, mais il suffit qu'au moins un petit nombre le soutient pour que l'on puisse dire que Macron s'est servi des services de son ministère pour préparer sa campagne.

On peut facilement avoir la preuve si la presse et ou la justice s'en donnait la peine que cette dépense n'a que très peu servi son ministère par la vérification de l'efficacité. Lorsque l'on parle d'emploi fictif pour Penelope Fillon, s'il se révélait que Macron avait vaguement travaillé pour la France, mais surtout dans un premier temps préparé la création de son parti et dans un second temps son développement, quand bien même les 120 000 € n'auraient pas été versé directement à *En Marche !* une utilisation d'une partie, le temps des conseillers et son temps à lui prélevé sur sen temps de ministre (dont il faut le rappeler qu'un ministre l'est tout le temps et non en pointillé, surtout en période de crise), il y aurait tout à la fois un emploi fictif de ministre, des conseillers, et un utilisation détournée des fonds de l'Etat. Reste enfin l'aspect des personnes qu'il a reçues. **Sans doute judiciairement il est difficile de s'attaquer à des rencontres à Bercy ou ailleurs, dans son costume de ministre, avec des personnalités ou des Français, qui n'ont aucun rapport avec son action - on pense au politologue Stéphane Rozès ou Eric Orsenna, dont la présence au ministère de l'économie est incongrue et d'aucune utilité pour son fonctionnement - cela ne l'est certainement pas politiquement ni éthiquement. Il y a un moyen concret de le savoir. Faire la liste des personnalités reçues au ministère ou rencontrées en tant que ministre - et ce qui au départ ne peut que difficilement être poursuivi - et de vérifier ensuite quel aura été leur rôle dans la suite avec *En Marche !* Si nous découvrons qu'une proportion important de ces personnes ont porté conseil ou aide à ce parti, avant ou après sa création, on pourra alors concrètement prouver l'abus de biens publics. Nous savons dores et déjà que ce même Orsenna était présent au meeting de Lyon du 4 février 2 017, ce qui pourrait déjà être un début de preuve d'abus de biens publics. Et qu'en est-il des Niel, Peyrelevade, Marx,**

Simoncini ?   Et de l'Institut Montaigne, système des systèmes ?

Que peut-on dire de cette information du *NouvelObs* du 2 mars 2 016 à propos du parti de Macron : *Même le financement a été pensé, **lors d'une série de réunions, toujours à Bercy, toujours en présence de Macron**. Son entourage assure qu'il veut avant tout pousser ses idées, mais les questions ne vont pas manquer.* ?

A ce propos cette information du JDD du 12 février 2 017 est fort intéressante, une matière à creuser. En parlant du financement du parti de Macron, on apprend que ce n n'est pas un parti politique mais surtout ceci : *Son réseau dans les milieux d'affaires a tout de même été le premier à le soutenir. « **Tous les banquiers de la place ont eu droit à leur dîner ou buffet de sensibilisation et les épouses étaient systématiquement conviées** », signale un donateur. En **deux mois d'existence**, En marche ! avait ainsi engrangé 400.000 euros avec un petit millier de donateurs.*

Vous devez noter un éléments qui est qu'**en deux mois d'existence** le parti a engrangé 400 000 €. L'important est **en deux mois d'existence**. Or ce parti a été créé en avril 2016, donc d'avril à juin. Macron était ministre. Où ce sont passés ces dîners que Macron, ministre, présidait ? Qui a payé ces dîners ? Notez aussi que ce sont **tous les** banquiers ! Macron de Rothschild ne serait pas un candidat de la finance ?

Dans cette vidéo (http://mobile.francetvinfo.fr/politique/emmanuel-macron-veut-il-peser-sur-la-presidentielle_1343587.html), fort intéressante dont la date est importante : le 3 mars 2 016. Vous y trouverez toutes la duplicité de Macron qui va lancer son parti un mois plus tard et qui déclare qu'il ne s'intéresse pas aux rumeurs quand on lui parle de la création possible de son parti et que seule la France l'intéresse. C'est au salon de l'agriculture. Qu'y faisait-il quand on sait qu'à ce salon on ne doit y voir que deux catégories de personnes : le ministre de l'agriculture et les leaders de parti politique (accessoirement le Président de la République et son Premier Ministre) ? Vous verrez aussi dans ce reportage Jean Peyrelevade déclarer que cela fait de longs mois que des amis (banquiers, financiers ?) de Macron réfléchissent à l'aider. Le point important qu'il soulève et qui est d'évidence une des lourdes faiblesses de Macron, est qu'il faut du temps, pour être plus fort. Peyrelevade semble croire que son aide est destinée au moyen et long terme. Sauf s'il ment, on peut se poser la question de savoir si là aussi Macron ne les a pas arnaqués, laissant croire qu'il ne viserait que le long terme alors qu'il sait déjà qu'il sera candidat. Serait-ce la raison pour laquelle Peyrelevade a décidé de ne pas venir au colloque des réformistes des 23 et 24 septembre 2016, alors qu'il avait y assister, tout comme Terra Nova, car Macron s'y est invité et y était présent ?

Mais alors pourquoi a-t-il fait tant de réunions publiques (alors que ministre) pour son parti, celle d'Amiens pour le lancement de celui-ci - comment-a-t-il pu être organisé ? Macron ne serait nullement intervenu dans cette organisation ? - mais également en vrac le 3 avril avec les Gracques, le 9 mai à Orléans, où l'on se demande **pourquoi un ministre de l'économie fête Jeanne d'Arc** et fait un discours sur l'identité nationale - si on pense que c'est une campagne électorale, on trouve du sens à ce discours, mais n'est-ce pas alors un terrible mélange de genres ? une utilisation de l'appareil de l'état à son profit électoral ? - les 12 et 22 juillet, le 5 août. En effet Macron a fait le job, mais pas celui dont il parle. Il était ministre, mais aussi candidat.

Il faut rapprocher cette démarche de celle de Sarkozy ministre de l'intérieur, puis Président. Il y a beaucoup de similitudes entre Sarkozy et Macron : foule adulatrice, trahison de ses plus proches, orgueil démesuré, duplicité. Il y a deux différences : Macron a changé de camp politique, s'il avait eu un jour des convictions, en naviguant au vu des opinions (là il rejoint Sarkozy, Sarkozy c'est du côté des tripes et des thèmes extrêmes, de l'émotion du moment, Macron lui s'appuie sur la doxa ambiante et flatte habilement avec des mots creux l'intelligence des spectateurs - il se débrouille pour qu'ils le croient) et la vulgarité qui est remplacée chez Macron par une ironie identique méprisante, mais moins grossière. Entre eux il n'y a aucune différence de nature, juste d'expression de celle-ci. Ils viennent tous les deux du système, d'un milieu aisé dont ils ont profité et contre lesquels ils font croire de se dresser). Ministre de l'intérieur

Nicolas Sarkozy a fait des déplacements partout en France dans des conditions similaires car hors de la compétence de son ministère. Ce fut le cas lors d'une visite sur un porte-avions. Les comptes (avant l'affaire Bygmalion) de Nicolas Sarkozy ont été rejetés par l'intégration de meetings qui ont été estimés faire partie de sa campagne. Sarkozy, président, à assisté à des réunions et des meetings de l'UMP, Macron, ministre a assisté à des réunions et des meetings de son parti.

On peut classer ces réunions citoyennes dans ce cadre. On peut y adjoindre certaines de ses visites et notamment son intervention lors de la fête de Jeanne d'Arc, qui n'a alors rien, rien du tout à voir avec son ministère. Quant aux personnes rencontrées et aux thèmes des réunions, on peut les rapprocher de l'affaire des sondages de l'Elysée. Dans cette affaire il y a plusieurs volets : celui des contrats illégaux, celui des surfacturations et enfin celui des thèmes des sondages. Nous nous situons dans ce troisième cas. Des sondages sont autorisés pour mener à bien la politique. Si en revanche des sondages s'occupent de la vie politique de leaders d'autres partis ou de l'image de Carla Bruni, il est évident que cela est un abus de biens publics, se servir des services de l'état pour un profit électoral et électoraliste personnel. Il en est de même avec ce qui est dit plus haut pour Macron. Dans un premier temps ces réunions et ces rencontres sont hors champ de son ministère mais difficilement « judiciarissable », mais dès l'instant où il y a une conséquence directe : présence de ces personnes comme impliquées directement ou indirectement dans le parti (sa préparation, sa création et son développement) et la campagne de Macron, on bascule dans l'abus de biens publics et le financement illégal d'une campagne électorale. Il me semble que l'on traite cette affaire bien à la légère pour deux raisons : Macron est publicitairement intouchable et cela semble dérisoire alors qu'en réalité c'est fondamental : fondamental car sans ces aides, sans ce poste de ministre Macron n'aurait jamais pu créer son parti et ensuite parce que c'est dans le fond, dans les profondeurs de la politique inacceptable et laisse préjuger du caractère et du principe de vie politique d'Emmanuel Macron.

Cette vaste frontière grise entre ce qui est moral et ce qui n'est pas forcément illégal s'étend aussi à son mouvement. En effet on apprend que, par exemple, son micro parti qui a reçu l'agrément de la CNCCFP a pour dirigeant Christian Dargnat, ex-directeur général de BNP Paribas Asset Management. N'est-ce pas là un lien évident avec la finance ? N'est-ce pas là un signe évident que Macron fait partie du système, et par la création de ce micro parti financier du système politique ? Du reste Macron a utilisé ses réseaux politiques (par exemple un de ceux du **PS**, le réseau orphelin de DSK) ce qui à nouveau prouve combien Macron n'est qu'un décor factice de Western. On est en droit de se poser la question de savoir si les conseillers de Macron quand il était ministre ont travaillé pour *En Marche !* ou non (pour sa création et ensuite pour son fonctionnement). Si c'est oui, alors il s'agit d'abus de biens publics. En attendant selon Wikipedia : « **Julien Denormandie, directeur de cabinet adjoint au ministère de l'Économie, Ismaël**

Emelien*, ancien conseiller communication d'Emmanuel Macron au ministère, et Benjamin Griveaux. [...] En marche ! compte dans ses rangs Alexis Kohler, directeur de cabinet d'Emmanuel Macron à Bercy. » * Ismael Emelien est passé dès avril du cabinet directement au parti de Macron. On peut parfaitement douter qu'il se soit abstenu de tout travail pour le futur parti pendant qu'il était au ministère. A vérifier avec attention. On sait aussi déjà que quatre conseillers ont travaillé à son discours du 12 juillet 2016. Macron jure qu'ils ont posé des jours de congés. A vérifier. **Nous pouvons tout simplement demander la publication des feuilles de paye (sans les montants) de ces quatre conseillers et de vérifier leur jours de congés.**

On peut ajouter pour son micro-parti : Son trésorier est Emmanuel Miquel, capital-risqueur (Ardia), son secrétaire se nomme Stanislas Guerini, directeur de l'expérience client chez Elis (ancien strauss-kahnien), pour son président on a vu plus haut. Comme vous le voyez tous ces hommes (où sont les femmes du reste pour un homme qui est si novateur en matière politique, toutes les personnalités les plus importantes sont des hommes, la majorité des responsabilités revient à des hommes - en fait il y en a deux de femmes, une pour remplacer l'autre : Anne Rubinstein, proche de Dominique Strauss-Kahn, remplacée par Sophie Ferracci, avocate d'affaires (!) sans oublier Laurence Haïm d'*iTélé* ?) ont travaillé aux côtés du ministre au ministère de l'économie. Voilà une question pertinente que la presse devrait s'empresser de poser à Macron : ces personnes ont-elles travaillé à la création d'*En Marche !* alors qu'elles étaient employées au ministère de l'économie ? Et il n suffit pas de la parole de Macron quand les mêmes journalistes mettent en doute celle de Fillon et alors que nous avons des preuves de nombreux mensonges de Macron (circonscription, frais de déplacement dans l'enveloppe des frais de bouche etc.).

Puisque nous parlons de Macron ministre il serait bon que la presse ne l'oublie pas qu'il l'a été, que son bilan n'est pas si bon que cela (dire qu'il n'a pas pu faire ce qu'il voulait ne tient pas, il n'avait qu'à démissionner au tout début, s'il ne l'a pas fait c'est bien parce que cela le servait au détriment soit de ses idées, soit des intérêts de la France et des Français) et donc qu'il en est parfaitement comptable. Comme déjà dit, tant pour Fillon que pour lui, leur passé gouvernemental glisse sur eux comme l'eau sur la peau écaillée d'un requin. Rien vu, rien dit, rien entendu. Rien fait. Ni coupable, ni responsable. Deux candidats tout neufs sortis du ventre de la démocratie. Deux générations spontanées (phénomène pourtant démenti par Pasteur). Il y a aussi autre chose qui montre, contrairement à ce qu'il affirme (être courageux pour s'être lancé dans la campagne quand on a tous les soutiens qu'il a, des journaux derrière soi, un carnet d'adresses bien rempli, gagné deux millions quatre cents mille euros six ans auparavant, bénéficie de la quasi adulation des fans, parler de courage c'est comme de dire que l'on a froid à midi en plein désert), à côté de la quelle Il semble que les observateurs soient passés à côté : une très grande lâcheté dudit Macron. Avez-vous remarqué que tous les coups ont été pour El Khomri ? Le courageux Macron s'est fait extrêmement discret. Il a laissé El Khomri se débrouiller toute seule ramassant les avoinées, et lui ne montant jamais au créneau pour la défendre alors que sa loi était d'inspiration macronique. Il était trop occupé à peaufiner son image et à faire ses meetings et à lui piquer ses frais de représentation.

Nous l'avons vu le parti d'Emmanuel Macron a été lancé le 6 avril 2016, créé fin février et annonce légale publiée au Journal Officiel en mars. Il faut absolument revenir sur la genèse de la création de ce parti car il y a là un véritable conflit d'intérêts et si les faits sont avérés, concernant l'utilisation des services de Bercy au profit de Macron, un abus de biens publics. Tout ce qui est écrit ci-dessous, comme dans ce livre est public. Tout le monde peut vérifier. Depuis juillet 2 016, Macron a un soutien politique, celui du mouvement *Les jeunes avec Macron*. Ce mouvement est sans ambiguïté (http://lesjeunesavecmacron.fr/qui-sommes-nous-2/) : *Notre action au soutien d'Emmanuel Macron s'articulera autour de deux axes : le renouveau du Politique et la rénovation des idées socialistes. [...] Face au paradigme de l'égalité réelle, actuellement compromis par un taux de chômage sans précédent et une importante dette publique, Emmanuel Macron n'a jamais renoncé dans chacune de ses décisions aux fondements de ses valeurs de gauche.* Ce mouvement se revendique du socialisme. Son sous-titre est *La gauche libre*. Il y a un problème de fond. Soit du côté de ce soutien si Macron dit qu'il est ni de droite ni de gauche ou de droite et de gauche (il est évident que d'être socialiste et s'intituler la gauche libre ne peut être compatible avec être de droite **et** de gauche). Soit du côté de Macron qui accepte et utilise l'aide de ces jeunes qui sont un appui logistique extrêmement important en les trahissant. Cette aide c'est le mouvement lui-même qui la décrit : *Nous assurerons la défense et la promotion des projets du Ministre sur les réseaux sociaux et par la production de contenus sur notre site internet.*

Depuis au plus tard juillet 2016 Macron s'est lancé dans la campagne électorale des présidentielles. A partir de ce mois de juillet Macron va organiser quatre rencontres citoyennes, dont on se demande pourquoi elles sont interdites à la presse *Marianne* http://www.marianne.net/quand-macron-rencontre-peuple-100235492.html (première de 500 personnes réunion à Bercy) :
- *Il n'y a pas de journalistes ?*
- *Non, pas de journalistes.*
- *Mais, et comment ont été faites les invit' ?*
- *Eh bien une campagne sur Facebook et du mailing principalement…*
- *Ah d'accord… C'est vrai que c'est surtout du jeune CSP+…*

Là aussi il n'y a aucune ambiguïté, ces réunions sont organisées, préparées et financées par Bercy. Une preuve :

Merci d'avoir été là mercredi soir et d'avoir ainsi pris le temps, avec moi,
d'aborder tous ces sujets en profondeur.

La vidéo intégrale de la soirée sera mise en ligne très prochainement sur Internet.

Les questions ont été trop nombreuses pour que je puisse répondre à tout le monde,
mais ça nous donne une bonne occasion de nous revoir après la rentrée !

À bientôt,

Emmanuel MACRON

En résumé, Bercy organise, finance et réalise le service après vente de réunions citoyennes qui n'ont strictement aucun intérêt dans la mission de Macron dans son ministère. Bercy en financera quatre. La dernière est sans doute la plus symptomatique. La veille *Le Courrier Picard* (c'est à Amiens) nous écrit :

Le ministre de l'Économie Emmanuel Macron viendra sur ses terres amiénoises ce mercredi 6 avril, pour un déplacement au programme non finalisé mais qui s'annonce déjà chargé. Le locataire de Bercy visitera d'abord une entreprise, dont le ministère indique seulement pour l'instant qu'elle « adresse un message positif ». Emmanuel Macron animera ensuite une réunion sur « la revitalisation économique ». Le thème ne manquera pas de résonner fortement dans la ville de Goodyear. Enfin, le **ministre** *mènera une « rencontre citoyenne ».*

Un exercice de sa confection qu'il a déjà eu l'occasion d'expérimenter à plusieurs reprises ces derniers mois, à Bercy mais aussi une fois en région à Cahors (Lot). Il s'agit en l'espèce d'un long moment de questions-réponses direct (2 à 3 heures) entre des citoyens et le ministre, et à huis-clos (sans médias). Ces rencontres citoyennes rassemblent à chaque fois plusieurs centaines de personnes. Le nouveau rendez-vous amiénois pourrait donc se tenir à la halle d'expo Mégacité, sur invitation, via une page Facebook ouverte pour l'occasion.

« Les premiers arrivés seront les premiers inscrits », précise **Bercy***. Qui le laisse entendre aussi : contrairement aux informations relayées par « France Bleu Picardie » ce jeudi 31 mars, le déplacement d'Emmanuel* **Macron n'aura pas pour but d'annoncer un nouveau mouvement politique.**

Bercy est donc à la manœuvre et Bercy aurait déclaré que Macron ne lancerait pas de parti politique. Un mensonge qui s'ajoute à la liste interminable des autres mensonges. Evidemment Macron, suivant son storyboard (lui qui parle anglais en Allemagne alors que depuis il y a eu le Brexit, que le français est une des langues officielles en Europe, la langue des diplomates, et celle qui a rayonné jusqu'en Russie), Macron a lancé son parti politique. Il est d'une évidence absolue qu'il est insupportable qu'un ministre en exercice lance un parti politique qui va s'opposer au pouvoir, et dont le ministère aura été indirectement, volontairement ou nom, un appui logistique par l'organisation d'au moins ces quatre réunions à but électoral, tout en se posant la question de savoir quelle aura été l'implication des conseillers de Bercy, et peut-être des entreprises sous-traitantes (on pense à la communication) de ce ministère dans l'élaboration, la création, le lancement et le développement de ce parti politique.

Lors de cette réunion il fait la déclaration suivante : *Ce n'est pas un mouvement pour avoir un énième candidat de plus à la présidentielle, c'est pas ma priorité aujourd'hui, ma priorité c'est la situation du pays.*

Bien sûr que si, c'est un mouvement pour un énième candidat à la présidence. Il prend décidément les Français pour des imbéciles. Mais comme il y a une bonne partie de la presse (on a déjà vu le mélange des genres avec madame Haïm, il y a un autre détail qui est peu connu, c'est que Macron a été conseil officiel du journal *Le Monde*. Ca laisse des traces d'autant que fin janvier Bergé, propriétaire du *Monde* lui apporte son soutien), dont il est le protégé, cette approximation mensongère n'est pas un obstacle pour lui, alors que ce mouvement de jeunes qui le soutient a dévoilé la couleur depuis juillet 2 015. Et si sa priorité c'est la situation du pays, que ne fait-il pas ce qu'il doit faire à son poste qui est stratégique et où il a tous les pouvoirs puisqu'il a fait user par son ennemi personnel du 49-3 ? Est-ce sa réussite dans la vente de l'aéroport de Toulouse aux Chinois qu'il a amélioré la situation du pays ? Est-ce au niveau du chômage qu'il a amélioré la situation du pays quand en Allemagne c'est quasi le plein emploi ? Est-ce en refusant de diffuser le contenu des contrats qu'il a signé au nom de l'Etat et est-ce en les signant avec les sociétés d'autoroute qu'il a amélioré la situation de la France (il y a une enquête à mener sur ces contrats) ? Est-ce en mentant sur son autorisation donnée de l'extraction de sable à Lanion qu'il aide la France (le décret d'application a été signé sur proposition de Macron, par le Premier Ministre le 14 septembre 2 015, modifié le 16) ? Est-ce en permettant et poussant à la fusion d'Alstom (à son détriment, celui de notre technologie, de notre industrie et des emplois) avec General Electric qu'il a servi la France ? Est-ce en bradant Technip, en démantèlement de notre industrie qu'il a servi la France ? Que pense-t-il des boues rouges déversées dans les Calanques des Bouches-du-Rhône ? En février 2 017 après avoir annoncé une reprise du chômage en fin d'année 2 016, on découvre que le déficit commercial s'est aggravé pour l'année antérieure, en quoi, donc, la mission de Macron en ce ministère, quitté fin août donc responsable des effets de sa politique économique jusqu'à la fin de l'année et au-delà, a-t-elle été si efficace ? En quoi ferait-il mieux ensuite ? Et pour quelle raison ne serait-il plus jamais comptable de son action de quatre ans au pouvoir ?

Ces quatre réunions citoyennes posent de fait un grave problème déontologique et même un possible abus de biens publics. En effet, il y a deux aspects :

1- les thèmes abordés lors de ces réunions. Macron n'est ni Premier Ministre, ni Président de la République, de ce fait, il se doit de n'aborder politiquement que les thèmes de son ministère. Il n'a ni mandat politique, ni compétence gouvernementale pour débattre en tant que ministre, dans les locaux du ministère, ou dans des réunions organisées par le ministère, de sujets qui n'intéressent pas directement son activité de ministre. Ethiquement et moralement, il se doit également à la réserve la plus absolue quand il est en dehors de son ministère et en public (cela comprend toute réunion de membres autres que le plus proches). Ce qui interdit déontologiquement de créer un parti, et encore plus un parti qui s'oppose au parti au pouvoir dont il est un des membres exécutif.

2- un ministère ne peut organiser pour certains privilégiés des réunions de publicité de l'action gouvernementale, et de plus quand ces réunions sont interdites à la presse. Ceci est un principe de base. Tout d'abord car cela crée d'évidence deux catégories de Français : ceux qui assistent aux réunions du ministre et ceux qui n'y assistent pas. Macron n'a pas à diriger un ministre pour une infime partie des Français, privilégiés. Ensuite cela crée des liens et des rapports de dépendances entre ces personnes et ce ministre. Enfin un ministre ne peut communiquer pour défendre sa politique que dans deux circonstances : devant les députés et devant la presse. Toute autre possibilité ne peut qu'être considérée que comme une communication publicitaire au profit du ministre. **Rien que pour ces raisons la justice devrait s'intéresser à ces réunions et vérifier qu'il n'y a pas là un conflit majeur d'intérêts entre la fonction de ministre et la candidature à la présidentielle et d'autre part un abus de biens publics, les services de l'Etat mettant ses moyens au service d'un futur candidat ajoutant au détournement de fonds publics, abus de biens publics, un financement illégal de campagne électorale. Il faudrait en profiter pour vérifier si et combien des membres invités à ces quatre réunions ont adhéré à** *En Marche !* **Si la proportion dépasse les 0,15 % (le pourcentage d'adhérent par rapport au nombre de Français) il y a un problème. Soit si plus de 2 personnes ont adhéré (0,15 % de 1 200 = 1,8). Si le pourcentage est élevé on pourra supposer qu'il y a eu un effet au profit du parti de Macron grâce au financement de Bercy. Si on nous répondait que c'est normal car ceux qui sont venus le voir étaient d'avance sympathisants, je vous répondrais simplement, non ce n'est pas normal car le ministre doit s'adresser à tous les Français soit au travers de l'Assemblée Nationale, soit au travers des media. Ce serait privilégier un catégorie de la population, des sympathisants au profit du ministre qui n'est pas à son poste pour flatter ses sympathisants.**

Il reste enfin deux aspects financiers. à regarder de plus près. Le premier est ce fameux meeting de Paris. On dit qu'il aurait coûté 400 000 €, ce qui est une somme très importante. Par comparaison la campagne intégrale de Juppé pour les Primaires a eu un coût inférieur à 1, 5 million d'euros. Toute sa campagne qui a duré quasi un an. Outre la question de savoir d'où vient l'argent (il aurait récolté 4 millions d'euros), ce qui est frappant c'est que de tels meetings sont typiques des grands partis institutionnalisés. Quelle différence avec les foules quasi hystériques des meeting de Sarkozy ? Même technique pour remplir la salle, même technique de chauffe, même technique de communication avec enregistrement vidéo du discours, groupe de jeunes derrière le candidat. C'est un meeting de parti avec des moyens considérables dans une France qui va mal et où le chômage est endémique, où la pauvreté est un mal répandu. C'est indécent et certainement ni nouveau, ni frais, ni différent.

Attardons-nous sur le financement des meetings de Macron. Il faut savoir qu'*En Marche !* *n'a pas le statut de parti politique*. Nous savons que Macron a créé une association de financement politique agréée auprès des instances idoines. Comme *En Marche !* n'est pas un parti cela veut dire que cette association-là est non soumise au plafond de 7 500 € de donation et à l'interdit de recevoir des fonds d'entreprises. Cette association n'est pas un parti elle ne peut financer les meetings de Marcon candidat. C'est alors un financement illégal de campagne électorale. Il faut donc répondre aux deux questions : A-t-elle financé un ou des meetings, des outils de propagande (clips, site internet, tracts etc.) ? Les personnes qui ont donné à ce parti virtuel ont-elles aussi donné à l'association de financement, doublant ainsi la mise et pouvant permettre de dépasser le plafond ?

Le second est de savoir si Macron touche depuis sa démission son traitement de ministre. En fait de quoi vit-il ? Il ne travaille pas, ou plutôt il ne semble pas avoir le temps pour une activité rémunérée. Son épouse a quitté l'Education Nationale. Est-elle rémunéré par *En Marche !* ? Lui est-il rémunéré par une autre structure ? Ce ne sont pas des questions anodines. Il y a ses droits d'auteur. Est-ce tout ? En ce qui concerne la possibilité qu'il continue de toucher son traitement de ministre (il y a droit pendant six mois donc jusqu'à fin février 2017 - on peut y voir là aussi une des raisons de sa démission tardive, aller le plus loin possible sans que cela soit un handicap pour sa campagne tout en assurant une confortable entrée d'argent) ce serait contraire à sa défense de la valeur travail (il touche une rémunération sans rien faire alors que c'est lui qui a démissionné. Dans le privé lui qui aime se référer au monde de l'entreprise, démission = nada, pas un flèche), ce serait contraire à l'éthique, **ce serait contraire à l'esprit démocratique, une sorte de financement illégal de campagne : l'Etat paye un candidat en campagne. En effet en quoi les Français devraient-ils rémunérer un candidat à hauteur d'environ 10 000 € par mois ou alors il faudrait rémunérer tous les candidats sur pied d'égalité ?** J'ai posé la question à *En Marche !*, réponse du 17 janvier 2017 ci-dessous (la deuxième question en l'occurrence traitait de cette possible rémunération des six mois après avoir quitté le gouvernement) :

Je ne peux en revanche pas répondre à la seconde question dans la mesure où je n'ai aucune information à ce sujet.

Malheureusement dans ce livre voici un passage obligé, malheureusement que cela soit d'un côté ou de l'autre, cette campagne et ce livre. Macron, ce n'est pas nouveau est attaqué sur sa supposée homosexualité. Cette attaque a deux effets pour Macron :

- *un effet délétère qui va se faire rengorger les amateurs et colporteurs de ce genre d'histoires ;*
- *un effet paradoxalement positif à plusieurs niveaux : cela va le poser en victime, servir toute une batterie d'arguments du genre : « s'il est attaqué si bassement c'est qu'il dérange », cela va resserrer les rangs autour de lui, cela va donner envie aux bonnes âmes de tous les combats de voter pour lui et surtout cela va masquer le reste, toutes les bonnes raisons que l'on a de se méfier de lui. Et pour ce qui concerne ce livre cela va polluer le terme de duplicité employé dans son sens politique.*

Il y a également une réflexion à tirer de cette histoire. Macron fait en somme une réponse assez indigne - ce qui ne change rien à l'indignité d'une attaque voulant l'atteindre par sa supposée homosexualité (d'après Le Figaro du 7 février et d'autre journaux bien sûr) : « Je suis tel que je suis, je n'ai jamais rien eu à cacher », a promis le fondateur d'En Marche! « J'entends dire que je suis duplice, que j'ai une vie cachée ou autre chose [...] C'est désagréable pour Brigitte, et comme je partage mes jours et mes nuits avec elle, elle se demande comment je fais », a-t-il ironisé. « Je ne l'ai jamais rémunérée pour cela », a-t-il souligné, en référence à l'affaire

Penelope Fillon. « Si on vous dit que j'ai une double vie avec Mathieu Gallet, c'est mon hologramme, mais ça ne peut pas être moi », a-t-il encore insisté, en référence au double meeting de Mélenchon dimanche.

Il faut noter le vocabulaire : c'est désagréable. Imaginez un peu une telle attaque ne serait que désagréable ensuite pour elle. Il veut donc dire que finalement l'homosexualité serait désagréable pour elle. Et pourquoi donc ? Il sous-entend qu'elle ne pourrait pas aimé un homosexuel, ou que cela la dégoûterait, ou donc qu'elle serait homophobe ? Il l'utilise à nouveau. Le pire est à venir. A vouloir faire des bons mots, il ne se rend même pas compte de ce que cela peut avoir de blessant quand il dit pour se moquer de l'affaire Fillon : je ne l'ai jamais rémunérée pour cela ! Vous imaginez ce que cela veut dire. Qu'il fournirait un emploi fictif à une fonction de body guard féminin. Et pourquoi devait-il ou devrait-il la rémunérer ? Pour passer ses jours avec lui ? Pour passer ses nuits avec lui ? Cet homme n'a aucun respect, aucune empathie pour les autres.

Un candidat d'étude de marché

On arrive à la fin de ce livre qui n'a nullement besoin d'être épais, l'essentiel est dit. En regardant les faits et leur déroulement on peut penser (rien n'est certain) qu'à partir de l'instant où Macron a vu une opportunité d'être candidat à l'élection présidentielle, il a lancé une machine redoutable d'efficacité. Peut-être avait-il déjà de longue date des velléités de l'être et se croyait-il un destin. Ce basculement vers l'organisation pour aboutir à sa candidature a dû commencer à germer quand Hollande glissait rapidement et dangereusement vers les bas-fonds des sondages et de la popularité. Le déclenchement a dû avoir lieu quand lui-même a eu une image assez favorable. Vu ainsi on comprend mieux toute sa démarche : opposition de plus en plus marquée à Hollande, création de son parti, et déclaration de la candidature. Corrigé des variations saisonnières, on peut dire que ce plan a bien fonctionné. Pour que sa candidature ait une chance, il fallait non seulement que son image soit bonne et que celle de Hollande soit dégradée, mais aussi que le segment de marché soit disponible. Macron s'est créé un personnage de centriste jeune et bondissant. Plus à droite le créneau était pris, plus à gauche aussi. L'état du PS ouvre un espace vaste comme le désert du Sahara. Un des obstacles était Juppé. Il fallait l'éliminer. Je ne sais quelle est la part de Macron dans l'élimination de Juppé, mais on ne peut s'empêcher de penser que sa déclaration de candidature entre les deux tours de la Primaire de la droite n'était pas innocente. Entouré comme il l'est, peut-être y a-t-il eu des analyses fines de l'électorat de cette Primaire. Juppé, bon candidat au niveau de l'ensemble de l'électorat, était un candidat fragile pour celui de la droite. Macron non candidat, certains électeurs pouvaient se déplacer pour voter Juppé, d'autres pouvaient hésiter entre lui et Macron. Beaucoup voulaient éliminer Sarkozy. Sarkozy absent du second tour, Macron empiétait sur l'électorat de Juppé. La victoire de Fillon - qui est peut-être une erreur de casting car l'on voit que l'effet de sa victoire s'essouffle et qu'il est bien moins convainquant que ne l'aurait été Juppé pour l'ensemble des Français, Juppé qui aurait alors été un adversaire beaucoup plu dur pour Macron - est indéniablement une bonne nouvelle pour Macron *[ceci écrit avant les affaires qui lui sont encore plus une bonne nouvelle]*. Certes elle est nette et sans bavures, ce qui prouve sans doute que ce n'est pas la seule candidature de Macron, à ce moment là de cette Primaire, qui en est la cause principale. En revanche on peut penser que la volonté d'influencer cette élection a été manifeste de la part de Macron. On s'aperçoit qu'en tenant compte de ce que veulent une majorité de Français, à savoir un gouvernement d'union nationale, une fin des combats de coqs entre les grands partis qui ont échoué l'un après l'autre et l'autre après l'un, de la déliquescence de la Gauche, d'un PS en post-réanimation, de Hollande au plus bas dans les sondages, le Brexit qui prouve que Marion Anne Le Pen et Mélenchon ou autre souverainistes mentent et sont à côté de la plaque, il y a un boulevard pour un candidat du centre. Macron est le candidat de cette étude de marché qui va le positionner, non de là d'où il vient (Chévènement, le Parti Socialiste, l'Elysée comme conseiller, le gouvernement socialiste comme ministre), ni vers ce qu'il est et représente, mais comme le jeune représentant dynamique, nouveau, rafraîchissant du centre. Cohn-Bendit n'aurait-il pas déclaré que Macron c'était Bayrou en plus jeune ? Macron est un produit d'étude de marché, son propre produit, qui plus est un usurpateur. Il aurait proclamé sa croyance vénérée dans le centrisme avant d'arriver à l'Elysée, il aurait prouvé par son passé militant une foi inébranlable dans cette voie, il n'aurait pas été deux ans secrétaire général adjoint de l'Elysée et deux ans aussi ministre, sa candidature aurait été légitime. Aujourd'hui sa candidature est une escroquerie. On a la preuve que tout cela n'est que du cinéma, un scénario et non un documentaire réaliste quand on sait que cet homme politique, qui, bien que pour la transparence, sous le fallacieux prétexte que ce serait du voyeurisme (aux USA cela est obligatoire à tout « financeur » de révéler quels fonds il a versés à quel parti), refuse de dévoiler qui le finance. Macron l'ex-banquier, l'ex-adhérent au PS a créé le personnage Macron candidat centriste. Il a tout mis en œuvre pour ça, comme nous le démontre le fait que depuis longtemps, lui pourtant si différent, il travaille avec deux agences de communication Little Wing et Jésus & Gabriel, et également avec Philippe Grangeon, ex-conseiller de DSK à Bercy devenu directeur de la communication de Cap Gemini.

A propos de ce produit marketing, Cécile Alduy, professeur de littérature à l'université Stanford, aux Etats-Unis. publie cette année *Ce qu'ils disent vraiment. Les politiques pris aux mots* (Seuil, 2 017). Avec un logiciel de traitement statistique des mots et extension elle a analysé

1.350 discours avec près de deux millions et demi de mots. Dans une entrevue du *Nouvel-Observateur* (Internet) du 22 janvier voici ce qu'elle dit du discours de Macron (qui ne figure pas dans son livre) :

Je suis d'abord frappé par le titre de son ouvrage "Révolution". C'est vraiment un mot qui peut être approprié par la droite, la gauche, le centre. C'est un mot faire-valoir qui parle aux électeurs qui expriment leur dégoût pour les partis et la classe politique. Emmanuel Macron a un très fort sens du marketing.

[...]

Enfin, il s'inscrit dans une démarche plutôt que dans un discours. Il est dans le performatif, il incarne, met en scène le changement. Il mène une sorte d'élaboration de produits, qu'il teste sur des sous-groupes, qu'il remet sur le métier, qu'il va ensuite présenter comme si c'était le nouvel iPhone. Il produit l'offre en fonction de la demande.

Si vous lisez bien ce qui est écrit, entre les lignes, cela veut dire que Macron est à opposé d'un homme politique digne de représenter un pays et de le diriger, car diriger signifie y apporter sa vue et sa méthode. Macron c'est l'opposé comme dit Cécile Alduy : *Il mène une sorte d'élaboration de produits, qu'il teste sur des sous-groupes, qu'il remet sur le métier, qu'il va ensuite présenter comme si c'était le nouvel iPhone. Il produit l'offre en fonction de la demande* et ce qui est une conclusion logique : *Emmanuel Macron a un très fort sens du marketing.*

Tout est dit - et par une personne dont l'expertise est analyse du discours -, Macron est un produit fabriqué par lui-même. S'il n'est pas un danger pour la France comme le serait Le Pen ou Mélenchon, il est un danger pour le fondement de la Démocratie et pour la Politique (bien évidement au sens noble du terme).

On peut imaginer que la machine politico publicitaire s'est mise « en marche » vers l'été 2015. Du côté du monde de la finance, on regarde avec un œil gourmand ce gendre idéal qui serait un bon candidat. Il se peut qu'il y ait eu deux mouvements parallèles avec des connexions : d'un côté les amis des banquiers qui commencent à s'agiter et à rechercher des soutiens pour Macron, de l'autre Macron, au courant de ces mouvements dans la vase troublée, qui commence son chemin vers la candidature. Les deux courants se fusionnent officiellement en avril avec la création d'*En Marche !*.

Cette volonté manifeste du publicitaire à tout crin entraîne inévitablement des incohérences et des catastrophes. Macron voulant jouer l'International, pour se donner une stature de chef d'état, a fait une vidéo en anglais pour s'adresser aux chercheurs américains condamnés, selon la vision de Macron, à s'expatrier pour poursuivre leurs recherches, notamment en climatologie. Macron veut surfer sur la vague anti-Trump. Outre l'absolu ridicule de faire cet appel comme s'il était déjà Président de la République (c'est inouï si on y pense), il s'adresse bien évidemment en anglais - alors qu'il aurait pu le faire en Français, sous-titré en diverses langues - alors que le français compte 274 millions de locuteurs, démontrant en cela qu'il ne veut aucunement résister à l'aspect terrible de la mondialisation, mais s'y plie avec délices. Il oublie que le Royaume Uni est en passe de quitter l'Europe et que de ce fait c'est le français qui devient la langue principale car l'anglais sera retiré des langues officielles européennes, puisque même l'Irlande qui en fait partie n'a pas inscrit l'anglais comme sa langue nationale. On ne sait si dans cette vidéo il a voulu reprendre le visuel de l'affiche d'Abraham Lincoln (We want you for the army) ce qui serait une bévue de première, mais son image, vue de face avec un bras semi plié et le doigt pointé en avant y fait diablement penser (juste gauche à la place de droite, un signe ?). Il s'adresse donc à ces chercheurs avec ce slogan impensable : *Comme to France it's your nation*. Ecrire cela s'est demander à des Américains, attachés à leur propre nation (America first) de renier leurs racines. Par ailleurs le plus logique aurait été plutôt d'attirer les chercheurs du monde entier qui font la richesse de la recherche aux USA de venir en Europe, puisque là-bas, les étrangers y sont mal venus.

Comment, juste par besoin de marketing, dire une chose pareille ? Enfin que vient faire cet appel dans notre campagne électorale française ? Rien. Ni sur le fond, ni dans la forme. C'est même un déni de notre élection. Tout ça pour paraître international, capable de parler anglais et jouer sur l'anti-trumpisme. C'est politiquement déplorable, hors sujet et, on peut l'espérer tant cela montre la vacuité politique et le

débordement marketing de Macron, bien très contre-
productif.

A ce propos des USA, un des premières interventions
de Laurence Haïm fut de comparer Macron à Obama.
Décidément la volonté d'en montrer et démontrer par les
slogans fait dire n'importe quoi. Tout oppose Obama et
Macron. Le premier, dans un pays où la couleur de peau a
une importance politique et quotidienne capitale, Obama
est métis et fils d'immigrés, Macron, blanc de chez blanc et
non fils d'immigrés, Obama est toujours resté dans le même
camp politique, Macron navigue à vue, Obama, excusez du
peu a été gouverneur de l'Illinois, Macron jamais élu, enfin
les USA sont la première puissance économique mondiale
quant à la France sous la coupe économique de Macron, ma
foi …

Conclusion

Le monde est en plein chaos avec l'élection de Donald Trump, le Brexit, la volonté brutale hégémonique de Poutine, les attentats. L'Europe est déstabilisée avec la sortie du Royaume Uni de son sein, avec une immigration perturbante, des leaders d'extrême droite forts un peu partout. En France alors que l'économie est à l'agonie (avec comme ministre jusqu'en aout 2 016 Macron devenu vierge de tout passé grâce aux journalistes, son passé de ministre, son passé de banquier indécent, son passé de conseiller de Hollande, son passé de membre du PS pendant 3 ans) la politique est aussi en plein chaos : les affaires Fillon (femmes et enfants, société de conseil, fonds du sénat, micro parti), et pour le FN les supposés détournements de fonds publics français et européens (attachés parlementaire au service du FN, surfacturation des kits de campagne), financement illégaux de campagne ce qui n'effleure même pas l'idée de vote de ses électeurs (ahurissant car on parle de vol, de plusieurs de millions d'euros, de vol de la démocratie et de vol des Français) la France a plutôt besoin d'un(e) candidat(e) qui a de l'expérience et de profondes racines dans son attachement politique et certainement pas d'un ludion qui navigue au grès des études marketing et qui n'a sans doute aucune structure profonde politique. Macron n'est qu'un pragmatique électoraliste. Justement dans ce lot d'affaires **il serait bon que la question des emprunts pour 890 000 € de 2007, alors qu'il n'est que fonctionnaire au salaire rendant le remboursement de cet emprunt tout simplement impossible, soit posée à Macron.** Il serait bon, puisque la justice s'est intéressée à juste titre aux affaires Fillon, s'intéresse aux deux points suivants - **il faut tout de suite dire que s'intéresser à ces points n'est en aucune façon de faire contre-feu aux affaires de Fillon, ceux qui disent cela ne veulent donc pas que l'on vérifie si Macron est propre comme un sou neuf et ils font donc de cette possible diversion des supporters de Fillon, eux-mêmes une diversion pour éviter de parler du fond. En somme ils sont exactement le miroir des soutiens de Fillon. Si vous lisez les commentaires ou écoutez les soutiens de Macron, vous remarquerez que vous n'avez pas le droit d'avoir une opinion négative de lui. Selon ses soutiens ce ne sont forcément que des arguments de mauvaise foi. Ils vous dénient le droit de juger avec raison, réflexion. En fait ils font exactement ce que font les soutiens de Fillon dans ses affaires d'avidité financière, ou de Le Pen : si vous le critiquez c'est parce qu'il gène, il va gagner, il est dangereux, que vous êtes accrochés au vieux système pourri comme des arapèdes au rocher etc. Tout ceci ne sont que des arguments d'autorité qui interdisent le fond et ne servent que la forme. Et bien oui, nous avons des raisons de ne pas faire confiance à Macron et de façon saine, réfléchie, argumentée avec des éléments factuels prouvés et vérifiables. Ni entrent ni peur, ni haine, ni mauvaise foi. -**

- quelles ont étés les diverses destinations et quels ont étés les justificatifs des 120 000 € de frais de représentation du ministère de l'économie pendant le 8 premier mois de 2016 ? Comment a-t-il pu dépenser la somme extravagante entre 500 et 700 € par jour de frais de

bouche hors déplacement (ce qu'il a fait croire dans sa défense en voulant les incorporer dans ces dépenses) ?
- en quoi les quatre réunion citoyennes organisées par Bercy ont-elles justifiées pour la fonction de ministre et en quoi ne seraient-elles pas un abus de biens publics afin de préparer la candidature d'Emmanuel Macron à la Présidence de la République et le lancement de son parti ? En quoi ses rencontres avec entre autres Orsenna (présent à son meeting de Lyon ce qui pourrait être un début de preuve de l'utilisation illégale du ministère à son profit) et Rozès, politologue, ont servi son ministère ?

Un des slogans forts de Macron est qu'il se dit *de droite* **et** *de gauche*. Nous avions le *ni droite ni gauche*, une position qui a certes un sens mais qui positionne son tenant par l'existence de la seule opposition aux deux mondes, donc en creux, et en négatif, ne présente donc pas un programme, mais une opposition. Ajoutons à cela si les deux mondes droite et gauche, représentent une vaste étendue politique, ce qui reste est très restreint. *Ni droite ni gauche* est pauvre en place politique restante et n'existe pratiquement que par l'opposition. Au moins cela existe. Se dire *de droite* **et** *de gauche* est en réalité une impossibilité politique et donc n'est qu'un slogan. En effet vous avez certaines idées de chaque camp qui s'opposent frontalement. Comment dans ces conditions pouvez-vous être l'un et l'autre ? Personne ne peut dire que, de Lyon, il va en même temps à Paris et à Marseille. Personne au monde ne le peut. Peut-être dans le monde magique de Macron, dans ce monde de science politique mystique qu'il présente aux

Français pour l'instant éblouis par cet illusionniste. J'avoue qu'il m'est assez incompréhensible que les journalistes acceptent cette définition tout comme ils affublent Macron, de centriste. Macron n'a strictement aucune racines centristes. Rien. Nada. Peanuts (pour parler anglais comme lui devant les Allemands).

En fait Macron est bien quelque chose **et** quelque chose. Il est issu du **monde socialiste** dans lequel il a baigné et duquel il doit tout (tant sa carrière politique que professionnelle grâce à Attali) comme du **monde de la République** (ses parents, sa grand-mère et l'ENA) auquel il doit beaucoup, mondes corrélés qu'il trahit, **et du monde de la haute finance**, du monde des banquiers capitalistiques qui l'a rémunéré à hauteur de deux millions quatre cents mille euros (2 400 000 €) en dix huit mois pour faire une opération des plus capitalistes qui soit entre deux symboles du capitalisme Nestlé et Pfizer, monde qu'il a rejoint, monde qui a les yeux de Chimère pour lui qui cherche par un grand écart à retenir du premier monde ses électeurs que pourtant il trahit allègrement.

Lors de son grand meeting à Lyon le 4 février 2 017, il a démontré toute la vacuité de son discours, promettant tout et son contraire, réduction des déficits en augmentant le nombre de policiers et gendarmes de 10 000 et l'enveloppe de l'armée jusqu'à 2 % du budget. Il a fait une accumulation tant de promesses que de citations. Il a même dévoilé ce que nous ignorions : « Il n'y a pas une culture française, il y a une culture en France et elle est diverse. ». A vouloir faire de la politique comme l'on vent une lessive que l'on est soi-même, cela pousse à écrire ce genre d'énormité. énormité car c'est faux, énormité car c'est contradictoire avec ses autres déclarations. énormité car si c'est ce qu'il veut pour la France, il veut sa dissolution. Et ce qui lui aura échappé c'est que dans les lois mêmes cette culture existe on l'appelle dans le cinéma l'exception culturelle françaises. Tous les artistes, musiciens, cinéastes, créateurs savent maintenant ce que pense Macron de la culture en France et de leur création. Cette exception culturelle est ce qui nous fait résister en France et avoir un tissu et une production culturelle riches, dont l'existence est le prolongement de leurs racines. Macron n'est pas fait pour représenter la France, pas fait pour la diriger. Il confond la France est une banque au services de multinationales, une France qui ne doit plus résister et exister mais s'adapter, selon lui, c'est-à-dire perdre son essence pour se fondre dans le courant marchand du monde internationalisé.

Ah ça il en a cités aussi des hommes célèbres. A Lyon ce fut une kyrielle d'hommes de droite ou du centre : général de Gaulle, Jacques Chirac, Valery Giscard d'Estaing, Simone Veil, Lucien Neuwirth ou encore Philippe Séguin. Le 14 janvier, à Lille, Jean Jaurès, François Mitterrand, Pierre Mauroy ou Roger Salengro. Ce que l'on peut en dire c'est que lorsqu'il parle de *lèpre* dans ce discours, à propos de l'affaire Fillon, il cite Chirac condamné pour les frais de bouches et autres babioles d'emplois fictifs (il pense à lui ?) c'est à en tomber par terre, et Mitterrand avec sa maîtresse et sa fille nourries et logées aux frais de l'Etat. Ce que l'on peut dire c'est que citer cette litanie d'hommes politiques du passé, de ce passé de système, n'est en rien une preuve de nouveauté, juste pour monter qu'il serait de droite et de gauche, se trompant entre prendre des bonnes idées d'où qu'elles viennent et associer dans un même être une carpe et un lapin, ou plutôt en faire une chauve-souris, écartant ses ailes disant regardez je suis un oiseau et montrant son ventre, regardez je suis un mulot. Ce que l'on peut dire c'est que citer ici Valéry Giscard d'Estaing et le faire applaudir, et là Mitterrand pour aussi le faire applaudir est bien digne de la plus pure démagogie tant ces deux hommes sont inconciliables : l'un de droite centrée, voulant réunir deux Français sur trois, et l'autre entrant au Panthéon une rose à la main, faisant entrer les communistes au gouvernement en célébration de l'Union de la Gauche. Ces deux hommes sont incompatibles, absolument incompatibles. Tous les opposent et rien ne peut permettre de les applaudir dans un même élan. Tout ceci est la limite ultime de la démagogie. Les journalistes probes se sont rendus compte lors de ce fameux meeting de la vacuité de Macron, *l'insoutenable légèreté du paraître*.

Une réflexion que vous devez vous faire, en dehors de la personnalité-même de Macron, de ses évidents mensonges, de sa duplicité et de son appartenance au système le plus haut et inégalitaire, c'est que l'on ne peut en moins d'un an (et encore moins en moins de trois mois), avec une expérience du pouvoir faible proposer et faire appliquer un programme de gouvernement. C'est tout simplement impossible, aussi doué soit-on. Certes on nous apprend que *la valeur n'attend pas le nombre des années*, mais d'Arcole au pouvoir il y a eu du temps qui a coulé sous les ponts. Et jusqu'à présent Macron, bien qu'ex-candidat à la candidature du PS en 2 007 (ce qu'il camoufle en disant qu'il n'a jamais été candidat) n'a pas eu son Arcole électoral, dans un fief difficile ou considéré comme imprenable.

Pour terminer, si vous êtes comme Renaud Dély qui considère qu'être un Brutus est non seulement un passage obligé mais souhaitable, si vous considérez que peu importe le fond ce qui compte c'est la forme et peu importe d'où l'on vient, ce que l'on dit et ce que l'on a fait ce qui compte c'est une image qui reflète ce que vous souhaitez voir, vous pouvez voter pour Macron. Si vous considérez que trahir soit ses idées, soit un homme qui a fait de vous un ministre, si vous considérez que les convictions sont au-dessus d'une étude de marché et que l'on est candidat pour ce que l'on est et croit, et non une représentation publicitaire de ce qui a le plus de chance d'être élu en cochant les cases des aspirations politiques du moment, si vous considérez que la duplicité, quand bien même elle permet l'accès au pouvoir, est un danger pour la démocratie, si vous pensez qu'il vaut mieux un vrai candidat du centre et non un masque même dynamique, alors vous ne pouvez pas voter pour Macron, non seulement vous ne pouvez pas voter pour lui mais vous devez convaincre autour de vous qu'un tel vote est néfaste pour l'essence de la démocratie. Non Macron n'apporterait pas le chaos, il apporterait juste avec lui la détestable hyperbole du système et de la duplicité.

Les questions, en plus des 890 000 € de prêt, les 120 000 €
de frais de bouche et les diverses réunions à Bercy pour
lesquelles nous avons besoin de réponse
*La plupart de ces questions ont été posées à Macron via son
site sans aucune réponse*

- quelles sont ses grandes réussites au pouvoir ?
- pourquoi en mars 2016, lors du salon de l'agriculture et
lors d'un reportage de France 2 dit-il qu'il ne commente
pas les rumeurs et qu'il n'y a pas de parti en vue alors
qu'à peine un mois plus tard il lance son parti et que dans
ce même reportage le banquier Peyrelevade est interrogé
et confirme que depuis de longs mois un rassemblement
est en route ce que confirme une enquête du *Nouvel
Observateur* ? Peyrelevade disant dans ce même
reportage que l'objectif était à long terme laissant le
projet mûrir, Macron a-t-il délibérément menti sur son
projet auprès de ces financiers si Peyrelevade ne ment
pas ?
- pourquoi dit-il au <u>présent</u> qu'il n'est pas socialiste ayant
adhéré 3 ans au PS participé pendant 4 ans au pouvoir
socialiste ?
- pourquoi supprime-t-il publiquement la paternité du vrai
père des enfants de son épouse les déclarant les siens ?
- pourquoi méprise-t-il les illettrés, ceux qui ne peuvent
s'offrir un costume, et se sert-il de sa grand-mère, de son
arrière grand-mère, de sa femme et des enfants et petits-

enfants de celle-ci sans aucune pudeur ni retenue pour sa promotion personnelle politique ?

- pourquoi parle-t-il de circonscription pour surfer sur la vague de l'affaire Fillon alors qu'il n'est et n'a jamais été député ?
- pourquoi parle-t-il de voyages qui seraient inclus dans les frais de représentation alors que c'est faux quand on lui demande des comptes pour ces fameux 120 000 € de frais de bouche ?
- comment a-t-on pu lui prêter en 2 007 alors qu'il est simple fonctionnaire gagnant 3 000 € par mois (selon le *JDD*), sans apport, par Henri Hermand et le Crédit Mutuel pour sans doute 890 000 € soit quatre fois son salaire mensuel en remboursement ?
- pourquoi dit-il au <u>présent</u> qu'il s'engage en politique alors que cela fait plus de dix ans qu'il s'est engagé ?
- pourquoi se dit-il fidèle aux idées et à la République alors qu'il quitte l'ENA et s'en va travailler dans un système totalement opposé à ses racines républicaines et familiales, et à ses études, et à ces concours républicains comme il le dit, en travaillant pour une banque d'affaires ?
- comment peut-il expliquer renier à ce point tant la philosophie de la gauche, que la notion de travail qu'il vante quand il accepte de travailler pour une opération des plus capitalistiques qui soit et en étant indécemment rémunéré deux millions quatre cents mille euros, rémunération qui n'a strictement aucun lien direct avec le travail ?
- pourquoi propose-t-il à propos de la CSG un mécanisme anti-constitutionnel, est-ce par rouerie ou incompétence ?

- pourquoi laisse t-il croit que les réductions de charges sont importantes en en parlant en généralité dans son programme alors qu'elles sont faibles dans le détail (annoncées aussi mais noyées car dans le détail) ? Pourquoi fait-il croire que cela augmentera le pouvoir d'achat alors que ce qui est donné d'un côté est repris de l'autre, balance nulle ?
- pourquoi propose-t-il pour les futurs candidats de son parti un mandat impératif anti-constitutionnel ? est-ce par stratégie ou incompétence ?
- pourquoi dit-il qu'il y aura des places pour 50 % des candidats d'*En Marche !* aux législatives prochaines pour des parlementaires, donc déjà élus, ce qui d'une part est contradictoire avec la volonté de renouvellement et d'être hors système, et d'autre part également est une tromperie manifeste car c'est tout simplement impossible ?
- pourquoi masque-t-il qu'il fut un candidat à la candidature du PS, et rejeté ?
- pourquoi masque-t-il qu'il doit pour la création de son parti beaucoup aux réseaux du PS notamment les anciens DSKniens ?
- pourquoi masque-t-il qu'il doit tout au PS à Hollande à Attali, à l'ENA, au système donc ?
- pourquoi a-t-il tout fait pour empêcher que le contenu des contrats avec les sociétés d'autoroute soient connus du public, perdant son bras de fer judiciaire contre Raymond Avrillier ?
- pourquoi se refuse-t-il à révéler ses soutiens financiers ?
- pourquoi ne nous éclaire-t-il pas sur ses liens avec Drahi (propriétaire de *BFM TV*, de *l'Express*, de *Libération*)

quand Bernard Mourad, banque Morgan Stanley, le rejoint comme conseiller ? Macron a-t-il facilité dans un but précis le rachat de SFR par Drahi ? Et ceux avec Niel, Simoncini, le réseau Montaigne, Marx qui le soutient alors que le 11 janvier 2016 il a visité son laboratoire culinaire en tant que ministre, Bergé alors qu'il a été son conseil pour son journal *Le Monde*, Peyrelevade ?

- pourquoi ne se sent-il pas comptable de ses quatre ans passés au pouvoir, dont la dernière année alors que le déficit du commerce extérieur s'est creusé en 2 016 alors qu'il était aux commandes de l'économie, et le chômage reparti à la hausse en fin d'année ?
- pourquoi ferait-il mieux que sa gestion catastrophique de la France pendant quatre ans, deux comme conseiller des plus importants, deux comme actif au ministère de l'économie ?
- pourquoi considère-t-il, lui qui dit aimer la France et sa République, qu'il n'existe pas de culture française ?
- pourquoi a-t-il envoyé un SMS avant l'annonce de sa candidature aux élus et autres membres du PS pour leur demander leur soutien s'il est hors système et fait de la politique autrement ?
- que penser de ses soutiens comme Minc, Attali, Collomb le cumulard et politicard type, jamais présent au sénat, un vieux de la vieille en politique ?
- Est-ce qu'écrit le *NouvelObs* du 13 mars 1016 à propos de son parti est vrai : *Même le financement a été pensé, lors d'une série de réunions, toujours à Bercy, toujours en présence de Macron.* ?

- Emmanuel Macron a-t-il touché sa rémunération de ministre de fin août 2 016 à la fin février 2 017 sinon de quoi vit-il ?
- pourquoi a-t-il menti sur les conditions d'achat par les Chinois de l'aéroport de Toulouse ?
- pourquoi a-t-il permis de brader Alstom ? Et Technip ?
- recevait-il les grands patrons (FNAC, La Poste, Free, Blablacar, Sanofi, Cap Gemini etc.) , à Bercy pour des dîners dans les salles de réception de Bercy ? Qui payait ces dîners ? Quel était le bénéfice de ces dîners pour l'économie française ?
- que vient faire dans notre campagne électorale cette vidéo en anglais, d'un orgueil assez peu imaginable comme si Macron était président, demandant aux chercheurs américains de renoncer à leur nation pour la France ?
- pourquoi dans son équipe de sélection de candidats aux législatives y a-t-il 7 membres sur 9 qui sont de vieux chevaux de retour politique dont Delevoye à 70 ans et plus de 37 de carrière politique ininterrompue ou Catherine Barbaroux qui a commencé en 1975 soit il y a 42 ans, tous ceux-là des professionnels de la politique, niant l'engagement de Macron de renouveler tant les hommes que les manières de faire de la politique ? Connaît-il par là qu'il faut un minimum d'âge et d'expérience pour prendre de lourdes responsabilités politiques ce qui l'exclut de se présenter à l'élection présidentielle ayant lui si peu d'expérience politique et électorale ?

- *En Marche !* n'étant pas un parti politique statutairement, a-t-il financé les meetings, outils de propagande etc ? Est-ce *En Marche !* ? S'agit-il alors de financement illégal de campagne électorale ? Le plafond par personne physique entre lui et l'association de financement est-il respecté ?
- quand a-t-il été élu Président de ce parti ? Quand y a t-il eu des élections internes ?
- qui a payé le clip vidéo de lancement d'*En marche !* ? Pourquoi les images ont-elles été trafiquées pour faire croire à une école française alors qu'elle est américaine ? Pourquoi ce parti a-t-il été incapable de trouver des Français alors que la majorité des personnes vues dans ce clip sont de tous les pays hors la France ?
- qu'entend-il par ne pas séparer Dieu du reste ? que la politique est mystique ?
- comment pense-t-il être apte à être président de la République et rassembler les Français quand dans une campagne il ouvre une plaie béant, inutile, en déclarant en Algérie que la France doit des excuses à l'Algérie et a commis un crime contre l'humanité ?
- comment peut-il se considérer comme un candidat valide quand il ignore que les femmes n'ont pu voter pour la loi de 1905 n'ayant eu le doit de vote que 40 ans plus tard, une telle ignorance de l'histoire politique de son pays et de celle du droit de vote étant ahurissante ?
- pourrait-on voir les fiches de paye des quatre conseillers du ministère qui ont travaillé au discours de Macron de juillet 2016 (sans montrer les montants) pour vérifier qu'ils ont bien pris des jours de congé pour ce faire ?

www.ingramcontent.com/pod-product-compliance
Lightning Source LLC
Chambersburg PA
CBHW072054280526
45788CB00006B/2283